한국어·영어와 같이 배우는

새 중국어 교재

편저: 한원석(한중문화교류회장)
감수: 김재선(전 KBS TV 중국어강좌 담당)

법문 북스

한국어·영어와 같이 배우는
새 중국어 교재

편저: 한원석(한중문화교류회장)
감수: 김재선(전 KBS TV 중국어강좌 담당)

법문 북스

머 리 말

중국 상무인서관에서 외국인을 위한 초급 중국어 교재인 「基礎漢語」가 출판된 것은 1971년이었다. 그후 이 교재는 우리나라 뿐만 아니라 세계 각국에서 사용되어 중국어교육의 좋은 결과를 가져왔다.

우리나라의 대학교양부에서 외국어에 할당한 시간은 매우 적다. 그 때문에 상·하 2권 66과로된 이 교재를 짧은 기간에 소화한다는 것은 지극히 어려운 일이다.

이 교재의 장점을 살리면서 또한 우리나라의 외국어교육의 실상에 맞출 수는 없을까? 이러한 소리는 여기저기에서 들려왔다. 그래서 과감하게 이 교재의 압축판을 계획해 보았다. 그 결과 상·하 2권을 1권으로, 66과를 28과로 압축하여 「표준 중국어교재」으로 만들어 보았다. 압축판을 만드는데 있어서 우리들은 다음과 같은 방침을 세웠다.

1. 원저에 담겨져 있는 언어재료(어휘·예문·본문 등)나 문법사항을 상세하게 수록하여 원저의 체계를 유지하도록 가능한 한 노력하였다.
2. 문법설명은 이 기회에 가능한한 같은 범주에 속하는 것을 같은 장소에 정리한다는 방침을 가지고 했으며, 또 설명 그 자체는 원저의 취지나 문구를 그대로 보존하도록 했지만 한국인 학생에 맞게 다소 가필·보충한 곳도 있다.
3. 연습문제에 있어서는 과감하게 작문만으로 그쳤다. 불충분한 시간으로 여러가지 형식의 문제를 푸는 것보다도 작문을 확실히 해보는 쪽이 효과적이라고 생각했기 때문이다. 예문·본문의 암송 등, 교수자측에서 적당한 연구를 해주시길 당부하는 바이다.

편저자

目　　次

第 一 課··13
　一、母音
　二、子音
　三、音의 区別
　四、重母音
　五、鼻音을 수반한 母音
　六、注釈
　　　1．単母音의 発音要領
　　　2．子音（有氣音과 無気音）의 発音要領
　　　3．音節의 構造
　　　4．重母音（二重母音과 三重母音）
　　　5．-n과 -ng
　　　6．重母音・鼻音을 수반한 母音等의 発音要領
　　　7．i —— ji・qi・xi；zi・ci・si；zhi・chi・shi・ri
　　　8．綴字法의 注意，ü —— ju・qu・xu
　　　付録：北京語音表
　　　付録：子音表

第 二 課··20
　一、声調
　二、単音節語
　三、複音節語
　四、注釈
　　　1．声調
　　　2．綴字法의 注意
　　　　　声調符号의 位置
　　　　　iou・uei・uen —— iu・ui・un
　　　3．綴字法의 注意，i・u・ü —— yi・wu・yu；y・w・yu

第 三 課 …………………………………………………………24
 一、声調変化
 二、"er" 과 r 化韻
 三、注釈
  1．輕聲
  2．第3聲 의 聲調変化
  3．巻舌母音
  4．r 化韻

第 四 課 …………………………………………………………29
 本文
 文法
  1．"A是B"의 문형
  2．語氣助詞 "吗"를 사용한 疑問文
  3．副詞 "都"와 "也"
  4．複数를 나타내는 接尾辞 "們"
  5．第3人称代名詞 "tā"의 表記

第 五 課 …………………………………………………………34
 本文
 文法
  1．二重目的語를 수반한 動詞述語文
  2．否定副詞 "不"
  3．"不"의 聲調変化
  4．否定副詞 "没"

第 六 課 …………………………………………………………39
 本文
 文法
  1．數를 세는 방법
  2．年, 月, 日
  3．量詞
  4．疑問数詞 "几"와 "多少"
  5．"一"의 声調変化

第 七 課 ···47
    本文
    文法
      1．名詞, 人称代名詞가 所有関係를 나타내는 限定語로 되는 경우—構造助詞 "的"(1)
      2．形容詞述語文과 "很"
      3．反復疑問文

第 八 課 ···54
    本文
    文法
      1．代名詞 "每"
      2．"每……都……"
      3．"二"과 "兩"
      4．序數詞 "第" + 量詞

第 九 課 ···59
    本文
    文法
      1．名詞, 人称代名詞, 形容詞가 構成하는 名詞相当句
      2．疑問代名詞를 사용한 疑問文

第 十 課 ···65
    本文
    文法
      1．時間을 나타내는 名詞가 狀況語로 되는 경우
      2．前置詞 "从, 在, 跟"
      3．몇개의 動詞 또는 動詞句로 構成되어진 述語
      4．目的語로 사용되어지는 品詞

第 十 一 課 ···72
    本文
    文法
      1．方位, 場所를 나타내는 名詞
      2．存在를 나타내는 "在"

3．存在를 나타내는 "有"
　　　4．"多"와 "少"가 限定語로 되는 경우
第十二課··78
　　本文
　　文法
　　　1．程度補語
　　　2．程度補語의 否定과 疑問
　　　3．程度補語와 目的語의 双方을 隨伴하는 경우
　　　4．目的語의 前置

第十三課··85
　　本文
　　文法
　　　1．文末의 語気助詞 "了"
　　　2．動詞接尾辞 "了"
　　　3．"了"를 隨伴한 動詞의 뒤에 오는 目的語가 数量詞를 隨伴하는 경우, 隨伴하지 않은 경우
　　　4．"了"는 動作의 完了를 強調한다.
　　　5．"了"를 隨伴한 動詞의 否定
　　　6．"了"를 隨伴한 動詞의 反復疑問
　　　7．人称代名詞가 限定語로 되는 경우의 "的"의 省略—構造助詞 "的"(2)

第十四課··93
　　本文
　　文法
　　　1．助動詞 "能, 可以, 会, 要"
　　　2．"要……了"
　　　3．無主語文(1)

第十五課··100
　　本文 "我们的学习生活"
　　文法
　　　1．動詞, 動詞句, 主述句가 限定語로 되는 경우—構造助詞 "的"(3))
　　　2．"有的"

3．"又……又……"
　　4．方位, 場所를 나타내는 "上"의 抽象的 意味
※ "因为……所以……"
※ "为了"를 사용한 前置詞句

第十六課……………………………………………………107
　　本文 "辅导"
　　文法
　　1．結果補語 (1) "完, 对, 懂, 清楚, 见" 등
　　2．結果補語를 수반한 動詞의 否定
　　3．意味上 의 被動
　　4．副詞 "再" 와 "又"
　　5．副詞 "就" 와 "才"
　　6．語氣助詞 "吧"
　　7．修飾語 뒤의 "的" 와 "地"
※ "要是……就……"
※ "虽然……但是……"

第十七課……………………………………………………116
　　本文 "在张老师家"
　　文法
　　1．結果補語 (2) "到"
　　2．結果補語 (3) "在"
　　3．動詞의 重複
　　4．主述句가 目的語로 되는 경우
※ "对"를 사용한 前置詞句

第十八課……………………………………………………124
　　本文 "参加电影招待会"
　　文法
　　1．單純方向補語 (1)
　　2．兼語式動詞文

第十九課……………………………………………………130
　　本文 "遇见老朋友"

文法
1．動作의 方法, 時間, 場所를 強調하는 "是……的"
2．"是不是"를 사용한 疑問文 및 "还是……还是……"를 사용한 選択疑問文
3．"不是……吗"
4．動目句가 状況語로 되는 경우
5．"怎么"와 "怎么样"

第二十課······138
本文 "给中国朋友的一封信"
文法
1．動詞接尾辞 "过"
2．動量詞 "次", "回", "遍"
3．動量詞 "下儿", "声"
4．主述述語文
5．"没有话说"
6．副詞 "刚"
※ "向"을 사용한 前置詞句

第二十一課······147
本文 "看病人"
文法
1．副詞 "正在"와 語気助詞 "呢"
2．動詞接尾辞 "着"
3．存現文
4．"接着"
5．"一點儿"
6．無主語文(2)
7．概数를 나타내는 방법

第二十二課······157
本文 "小红去公园"
文法
1．時間補語(1)
2．時間補語(2)

3．動詞의 앞에 "一"를 使用한 경우
　　4．"一……也（都）……"
　　5．結果補語（4）"上"
　　6．人称代名詞"咱们"
　　7．副詞"果然"
　　8．"以后"와"后来"

第二十三課……………………………………………167
　　本文"一包钱"
　　文法
　　1．複合方向補語
　　2．複合方向補語와 目的語의 位置
　　3．前置詞"把"를 使用한 処置式動詞文
　　4．"一……就……"
　　※"一块四毛五（分钱）"

第二十四課……………………………………………177
　　本文"愚公移山（寓言）"
　　文法
　　1．可能補語
　　2．可能補語"了"，"动"，"下"
　　3．"连……也（都）……"
　　4．形容詞의 重複
　　5．"越……越……"와"越来越……"
　　6．單純方向補語（2）
　　7．副詞"又"
　　8．強調를 나타내는"就是"

第二十五課……………………………………………187
　　本文"我的家"
　　文法
　　1．"跟……一样"
　　2．"被"를 使用한 被動式 動詞文
　　3．動詞"受"
　　4．比較
　　5．結果補語（5）"住"

11

6．無主語文 (3)
　　　7．副詞 "好"

第二十六課······197
　　本文 "参观清华大学"
　　文法
　　　1．副詞 "还"
　　　2．"除了……以外"
　　　3．副詞 "就"
　　　4．副詞 "又"
　　　　　"既……又……"
　　　5．"不但……而且（也）……"

第二十七課······207
　　本文 "参观人民公社"
　　文法
　　　1．数詞 "半"
　　　2．疑問代名詞의 特殊用法
　　　3．"有（一）点儿"

第二十八課······216
　　本文 "在工地上"
　　文法
　　　1．複合方向補語의 抽象的意味
　　　2．"一下子"
　　　3．副詞 "一连"
　　　4．"眼看"
　　　5．副詞 "直"

品詞略称表······225
簡体字一覧表······226

第一课

一、元音　※母音

a　　o　　e　　i　　u　　ü

二、辅音　※子音

b:	bo	ba	bu	bi	
p:	po	pa	pu	pi	
m:	mo	ma	mu	mi	
f:	fo	fa	fu		
d:	de	da	du	di	
t:	te	ta	tu	ti	
n:	ne	na	nu	ni	nü
l:	le	la	lu	li	lü
g:	ge	ga	gu		
k:	ke	ka	ku		
h:	he	ha	hu		
z:	zi [ɿ]	za	zu	ze	
c:	ci [ɿ]	ca	cu	ce	
s:	si [ɿ]	sa	su	se	
zh:	zhi [ʅ]	zha	zhu	zhe	
ch:	chi [ʅ]	cha	chu	che	
sh:	shi [ʅ]	sha	shu	she	
r:	ri [ʅ]	re	ru		
j:	ji	ju(ü)			
q:	qi	qu(ü)			
x:	xi	xu(ü)			

三、辨音　　※　音의 区別

（一）送气音和不送气音　　有気音과 無気音

1. b　p
    - bo　po
    - bi　pi
    - ba　pa
    - bu　pu

2. d　t
    - de　te
    - di　ti
    - da　ta
    - du　tu

3. g　k
    - ge　ke
    - gu　ku
    - ga　ka

4. z　c
    - zi　ci
    - za　ca
    - zu　cu
    - ze　ce

5. zh　ch
    - zhi　chi
    - zha　cha
    - zhu　chu
    - zhe　che

6. j　q
    - ji　qi
    - ju　qu

（二）i　u　ü　o　e

1. i　ü
    - ni　nü
    - li　lü
    - ji　ju
    - qi　qu
    - xi　xu

2. u　ü
    - nu　nü
    - lu　lü
    - gu　ju
    - ku　qu
    - hu　xu

3. o　e

bo	de	ge	ze	zhe
po	te	ke	ce	che
mo	ne			
fo	le	he	se	she

四、复元音韵母　　※　重母音

```
a:      ai      ao
o:      ou
e:      ei
i:      ia      ie [iɛ]   iao    iou
u:      ua      uo        uai    uei
ü:      üe [yɛ]
```

五、带鼻音韵母　　※　鼻音을 수반한 母音

```
an      en      ang     eng     ong
ian     in      iang    ing     iong
uan     uen     uang    ueng
üan     ün
```

六、注释

1. 単母音의 発音要領

- a〔A〕:「아」보다도 입을 크게 벌린다.
- o〔o〕: 입술을 모아 둥글게 하고, 혀 전체를 속으로 집어넣는다.
- e〔ɤ, ə〕:「아」와「오」의 중간음으로 입술에는 조금도 힘을 주지 않고 목에 힘을 주어 목으로부터 소리를 내도록 한다.「으어」에 가깝다. 혀를 좀더 뒤로 끌어당긴 채 뒤쪽으로부터 긴장시켜 소리낸다.

- i〔i〕: 입술을 좌우로 훨씬 벌리고, 예리하게「이이」하고 발음한다.
- u〔u〕: 입술을 둥글게 하여「우」하고 앞으로 쭉 내밀며 발음한다.
- ü〔y〕: 우선 입술 모양은「우」와 같이 둥글게 하고, 입안의 혀의 위치는「i」음을 내듯이 하여「위」하고 발음한다.

2. 子音(有気音과 無気音)의 発音要領

21개의 자음(음절의 말미에만 나타낼 수 있는 유성비음 -ng을 포함해서 자음은 22개이다) 중에서 m, n, l과 r가 유성음(=탁음)이고, 이외에는 모두 무성음(=청음)이며, 발음시에 성대가 진동하지 않는다.

　본문의 b—p, d—t, g—k, j—q, zh—ch, z—c의 각조의 자음은 모두 무성음이다. 앞의 b, d, g……는 무기무성음이며, 뒤의 p, t, k……는 유기무성음이다. 중국에서는 유성·무성의 대립을 음운체계로서 채용하지 않고, 유기·무기의 대립을 음운체계로서 채용하고 있다. 한국어에는「빵」의 p를 유기적으로 발음하는가 아닌가는 의미상으로 아무런 문제도 되지 않지만,중국어에서는 "bāo"(배가 부르다)를 유기적으로 발음해서 "pǎo"(달리다)라고 하면 전연 다른 단어가 된다.

　자음의 발음요령은 :

b〔p〕: 아래위의 입술을 가볍게 다물고, 입 가득히 숨을 모은 다음 갑자기 입술을 떼면서 조용히「뽀어」라고 발음한다. (이하, 무기음은 모두 이런 요령.)

p〔p'〕:「b」의 발음요령과 같으나, 입김을 더 강하게 내보내면서 우리말의「ㅍ」음을 낸다. 즉 b가 무기음인데 대해 p는 송기음(유기음)이다.

m〔m〕: 우리말의「모」에 가까우나「모」보다는 강하게낸다. 콧구멍으로 나가는 비음이다.

f〔f〕: 영어의 f와 발음이 같으며, 우리말의「호」와「포」의 중간음과 비슷한「°」.

d〔t〕: d, t, n, l는 어느것이나 혀끝을 잇몸에 대어 발음한다. d는「떠」로 발음한다. 성대가 울리지 않는 불대음이며 무기음이다.

t〔t'〕: d의 발음요령과 같으나 입김을 더 강하게 내보이면서「터」에 가까운 음

n〔n〕: 혀끝을 잇몸에 붙이고 있다가 숨이 콧속을 통해 콧구멍으로 나가는 비음이다. 우리말의「너」와 대체로 같다.

l〔l〕: 혀끝을 세워 윗잇몸에 붙이고 있다가 떼면서 영어의 l발음을 낸다. 기류가 혀의 양측으로 갈라져 나가게 되며, 우리말의「ㄹㄹ」와 비슷하나 혀끝을 떨거나 마찰시켜서는 안된다.

g〔k〕:「꺼」로 발음한다. 불대음이며 무기음이다.

k〔k'〕:「g」의 발음요령과 같으나 입김을 더 강하게 낸다.「커」에 가까운 음.

h〔x〕: 혀뿌리를 올려 여린입천장에 닿을듯이 접근시키되 붙이지는 않고 그 사이로 기류를 마찰시켜「ㅎ」음을 낸다.「허」로 읽는다.

j〔tɕ〕 : j, q, x는 모두 다 치, 시의 자음과 비슷하며, 혓바닥을 올려 굳은 입천장에 가볍게 붙였다가 살짝 떼면서 그 사이로 기류를 마찰시켜 우리말의「ㅈ」음을 낸다. 불대음이며 무기음이다. 편의상 운모 i를 붙여서 ji「지」로 읽는다.

q〔tɕ'〕 : j의 발음요령과 같으나 입김을 더 강하게 내보내면서「ㅊ」음을 낸다.

x〔ɕ〕 : 숨을 마찰시키면서「시」하고 발음한다.

zh〔tʂ〕 : zh, ch, sh, r는 혀끝을 안으로 말아올려 굳은입천장에 가볍게 닿게 한뒤 약간만 떼면서 기류를 그 사이로 마찰시켜 우리말의「°즈」음을 낸다. 불대음이며 권설음의 무기음이다. 편의상 음가 없는 i를 붙여 zhi「°즈」로 읽는다.

ch〔tʂ'〕 : zh의 발음요령과 같으나, 입김을 더 강하게 내보내면서「°츠」로 읽는다

sh〔ʂ〕 : zh의 발음요령과 같으나, 기류를 마찰시켜 발음하는 마찰음「°스」.

r〔ʐ〕 : sh의 발음요령과 같으나, 성대를 울리면서 우리말의「ㄹ」 비슷한 음을 낸다. 즉 sh가 불대음인데 대해 r은 대음이다.「°르」로 읽는다.

z〔ts〕 : z, c, s를 발음할 경우, 아랫니와 윗니를 맞물고 혀끝을 앞으로 쭉 뻗쳐 위 앞니 뒷면에 붙였다가 조금 떼면서 그 사이로 기류를 마찰시켜 우리말의「ㅈㅈ」음을 낸다. 불대음이며 무기음이다. 편의상 음가 없는 i를 붙여 zi「쯔」로 읽는다.

c〔ts'〕 : z의 발음요령과 같으나, 입김을 더 강하게 내보내면서「ㅊ」음을 낸다.

s〔s〕 :「ㅅㅅ」의 두음과 비슷하다. 기류를 마찰시켜 발음한다.

3. 音節의 構造

중국어의 음절은 성모와 운모로 되어있다. 음절 첫부분의 자음이 성모이며 나머지 부분이 운모이다. 예를 들면 ba의 b는 자음(성모)이고 a는 모음(운모) 이다.

운모는 한개의 모음만으로 구성된 것도 있고(pa), 또 중모음(2중모음 fei, 3중모음 miao) 혹은 비음을 수반한 모음(ben, beng)으로 구성된 것도 있다.

운모만으로 한 음절을 구성하는 것도 있지만 (a), 운모가 없는 음절은 없다.

4. 重母音 (二重母音과 三重母音)

　2중모음 ai, ei, ao, ou는, 처음의 모음이 강하고 확실히 발음되는 것에 비하여, 뒤의 모음은 약하고 애매하게 발음된다. ia, ie, ua, uo, üe는 그와 반대로 뒤의 모음을 확실히 발음한다.

　3중모음 iao, uai는 양쪽의 모음이 약하고 애매하게 발음된다. 단, iou, uei 는 성모와 결합하여 음절을 이룬 경우에는 iᵒu, uᵉi가 되며, 제3성 이외의 성조의 경우는 한가운데의 모음은 아주 약하게 발음된다. 비음을 수반한 모음의 uen도 같은 모양으로 uᵉn으로 발음된다.

5. -n과 -ng

　중국어에서는 음절의 말미에 오는 자음은 -n과 -ng의 두가지 뿐이다. -n은, 혀끝을 윗니의 잇몸 뒤쪽에 딱붙여 발음한다. -ng은 입을 크게 벌려서 혀안쪽을 연구개에 달라붙게해서 발음한뒤, 코로부터 숨을 내뱉는 것같은 기분으로 발음한다.

6. 重母音·鼻音을 수반한 母音 等의 発音要領

　이외의 발음상 주의해야할 중모음·비음성 모음 등의 발음 요령은:
en〔ən〕: 먼저〔ə〕를 낸다음 혀끝을 잇몸에 딱댄다.

eng〔əŋ〕: eng의 e는 엄밀하게는〔ʌ〕라는 모음이며,〔ə〕보다도 약간 깊숙한 모음이다. 입술을 평평하게 해서「어」를 발음하여 계속해서 -ng를 낸다. en과 eng의 구별을 확실히 하도록 주의할것.

ong〔uŋ〕:「우」보다도「오」를 발음하면서 -ng을 낸다. eng과 ong은, ei와같이 항상 성모와 결합하여 나타나며, 단독으로는 음절을 이루지 않는다.

ie, üe〔iɛ, yɛ〕: 단모음의 e나 en, eng의 e와는 다르고, 입을 조금 크게 벌려 내는「예」이다. 따라서 ie는 yes의 ye처럼「이예」로 발음한다.

ian, üan〔iɛn, yæn〕: ian의 a는 거의 a모음이 아니다. ian은「이안」이 아니고「이엔」이며, üan의 a는「에」보다도 더 입을 벌려「유엔」이라고 발하는 경향이 있다.

　iong〔yuŋ〕：「융」과 같이 발음한다. 「용」이라고 하지 말도록.

7． i ──── ji·qi·xi ; zi·ci·si ; zhi·chi·shi·ri

　　z, c, s 의 뒤에 오는 〔ɿ〕, 및 zh, ch, sh, r의 뒤에만 오는 〔ʅ〕는 어느 것이나 i를 사용해서 표기되지만, 보통의 i〔i〕와는 완전히 다른소리이며, 단독으로는 발음되지 않는다.

8． 綴字法의 注意, ü ──── ju·qu·xu

　　ü가 j·q·x의 뒤에 나타날 때는 ju·qu·xu처럼 "‥"은 없앤다.

　付録 : 子音表

発音部位＼発音方法	無気破裂音及破擦音無声	同上有気破裂音及破擦音無声	有声鼻音	無声摩擦音	有声摩擦音	有声側面音
雙　脣　音	b〔p〕	p〔pʻ〕	m〔m〕	f〔f〕		
舌　尖　音	d〔t〕	t〔tʻ〕	n〔n〕			l〔l〕
舌　歯　音	z〔ts〕	c〔tsʻ〕		s〔s〕		
捲　舌　音	zh〔tʂ〕	ch〔tʂʻ〕		sh〔ʂ〕	r〔ʐ〕	
舌　前　音	j〔tɕ〕	q〔tɕʻ〕		x〔ɕ〕		
舌　根　音	g〔k〕	k〔kʻ〕	ng〔ŋ〕	h〔x〕		

第二课

一、声调　　※ 声調

声调示意图　　(성조를 표시하는 기호)

ー: 55	┐	第一声
╱: 35	╱	第二声
∨: 214	∨	第三声
╲: 51	╲	第四声

ā	á	ǎ	à
bā	bá	bǎ	bà
dā	dá	dǎ	dà
mā	má	mǎ	mà
lā	lá	lǎ	là
ē	é	ě	è
yī	yí	yǐ	yì
wū	wú	wǔ	wù
yū	yú	yǔ	yù
yāo	yáo	yǎo	yào

fēi	féi	fěi	fèi
duō	duó	duǒ	duò
tuī	tuí	tuǐ	tuì
liū	liú	liǔ	liù
lūn	lún	lǔn	lùn

二、单音节词——声调不同，意义也不同。
※ 단음절어—성조가 다르면 뜻도 달라진다.

四个声调　　4개의 성조

1. bāo　包　　싸다
   báo　薄　　얇다
   bǎo　饱　　배부르다
   bào　报　　신문
2. fēi　飞　　날다
   féi　肥　　(사람이외의 동물이) 살찌다
   fěi　匪　　도둑, 비적
   fèi　肺　　폐, 허파
3. yān　烟　　담배, 연기
   yán　盐　　소금
   yǎn　演　　공연하다
   yàn　咽　　마시다, 삼키다
4. wān　弯　　굽다
   wán　完　　끝나다
   wǎn　晚　　늦다
   wàn　万　　만, 10,000

三、双音节词——声调不同，意义也不同。
※ 쌍음절어—성조가 다르면 뜻도 다르다.

1. { tōngzhī   通知   통지 (하다)
   { tóngzhì   同志   동지

2. { liànxí   练习   연습 (하다), 연습문제
   { liánxì   联系   연락

3. { zhìyuàn   志愿   지원 (하다)
   { zhīyuán   支援   지원하다

4. { zhōngshí 忠实   충실하다
   { zhòngshì 重视   중시하다

5. { shíyán   食盐   소금
   { shíyàn   实验   실험
   { shìyàn   试验   시험

6. { jiàoshī   教师   교사
   { jiàoshì   教室   교실

四、注釈

1. 声調

　북경어(현대중국어는 북경어의 발음을 표준음으로 한다)에는 4가지의 기본적인 성조가 있으며 각각 성조부호 "ˉ, ˊ, ˇ, ˋ"를 사용하여 표시한다.

　본문의 그림은 보통의 회화에 있어서 평균 소리의 높이를 고·반고·중·반저·저의 5단계로 나누어, 그것을 기준으로하여 각 성조의 기점·종점·곡절점을 표시한 것이다. 발음의 요령은 :

第1声 (ˉ) : 높은데서 평탄하게.
第2声 (ˊ) : 중간쯤에서부터 최고로 올린다.
　　　　　「예스?」
第3声 (ˇ) : 다소 낮은 곳에서 시작하여 낮게 억누르면서 완만하게 다시 높은 곳까지 올린다.
第4声 (ˋ) : 최고에서부터 단숨에 최저까지 급히 내린다.

2. 綴字法의 注意

성조부호는 모음의 위에 붙이지만 운모가 단모음이 아닐 경우는, 강하고 확실히 발음되는 주요 모음의 위에 붙인다. i의 위에 붙일 때는 i의 위에 "·"을 생략한다. 예 : bā, yī, yào, fēi, duō.

iou, uei, uen은, 앞에 성모가 와서 음절을 이룰때는, o, e를 생략하고 iu, ui, un으로 표기하기 때문에 뒤의 u, i의 위에 성조부호를 붙인다. 예 : niú, guì, lùn.

3. 綴字法의 注意, i·u·ü— yi·wu·yu; y·w·yu

i·u·ü가 단독으로 음절을 만들거나 또 음절의 처음에 올 때는 다음과 같이 읽는다 :

    i —— yi   iou —— you
    u —— wu   uo —— wo
    ü —— yu   üan —— yuan

第三课

一、变调 ※ 声调变化

(一) 轻声　경성

1. 第一声加轻声　제1성+경성

bēizi	杯子	컵
bōli	玻璃	유리
fānyi	翻译	번역 하다
gēge	哥哥	형, 오빠
māma	妈妈	어머니
tāmen	他们	그들, 그 사람들

2. 第二声加轻声　제2성+경성

biéde	别的	다른 것
míngzi	名字	이름
péngyou	朋友	친구
pútao	葡萄	포도
shénme	什么	무엇
shéngzi	绳子	끈, 줄

3. 第四声加轻声　제4성+경성

bàba	爸爸	아버지
dàifu	大夫	의사
dìdi	弟弟	남동생
mèimei	妹妹	여동생
tàiyang	太阳	태양

yuèliǎng	月亮	달

(二) 半三声　　　½3성

1. 第三声加第一声　　제3성＋제1성

Běijīng	北京	북경
guǎngbō	广播	방송
hǎijūn	海军	해군
lǎoshī	老师	선생님
měitiān	每天	매일
pǔtōng	普通	보통

2. 第三声加第二声　　제3성＋제2성

biǎodá	表达	표현하다
huǒchái	火柴	성냥
lǚxíng	旅行	여행하다
yǒumíng	有名	유명하다
yǔyán	语言	언어
zǔguó	祖国	조국

3. 第三声加第四声　　제3성＋제4성

fǎngwèn	访问	방문하다
fǒudìng	否定	부정(하다)
gǒnggù	巩固	다지다, 공고히 하다
kěndìng	肯定	긍정(하다)
lǐngxiù	领袖	두령, 수령, 지도자
nǔlì	努力	근면한, 노력하다
wǎnhuì	晚会	만찬회

4. 第三声加轻声　　제3성＋경성

běnzi	本子	공책

nǐmen	你们	당신들, 너희들
nuǎnhuo	暖和	따뜻하다
wǎnshang	晚上	저녁, 밤
wǒmen	我们	우리들
yǎnjing	眼睛	눈

(三) 第三声加第三声 ⟶ 第二声加第三声

제3성＋제3성→제2성＋제3성

biǎoyǎn	表演	연출하다
diǎnlǐ	典礼	예식
fǔdǎo	辅导	지도하다
lǐxiǎng	理想	이상
xiǎozǔ	小组	소조(그룹)
yǒnggǎn	勇敢	용감하다
zhǎnlǎn	展览	전람

二、"er"和儿化韵   ※ "er"과 r 化韻

(一) "er"

ěrduo	耳朵	귀
érzi	儿子	아들
érqiě	而且	그리고, 게다가
érgē	儿歌	동요

(二) 儿化韵

nǎr	哪儿	어디
wánr	玩儿	놀다
yìdiǎnr	一点儿	좀, 약간
dàshēngr	大声儿	큰소리(로)
chànggēr	唱歌儿	노래 부르다
shǒutàor	手套儿	장갑

三、注釈

1. 軽声

경성은 가볍고 약하게 발음한다. 경성은 결코 제5번째의 성조가 아니며, 따라서 일정한 높이를 가지지 않고, 그 높이는 앞의 선행한 음절여하에 의해 결정된다.

第1声＋軽声（半低）　˥ ＋ ˨　tīng ba!　（들어주세요!）

第2声＋軽声（中）　˧˥ ＋ ˧　lái ba!　（어서오세요!）

第3声＋軽声（半高）　˨˩˦ ＋ ˦　zǒu ba!　（갑시다!）

第4声＋軽声（低）　˥˩ ＋ ˩　qù ba!　（가세요!）

경성은 "。"을 사용하여 표시한다. (또 "。"을 사용하지 않고 성조기호를 생략할 수도 있다.)

2. 第3声의 声調変化

(1) 제3성의 다음에 제3성 이외의 성조, 즉 제1, 2, 4성 혹은 경성의 음절이 연결될 경우, 제3성은 후반의 상승부가 발음되지 않고, 반저에서 저(低)로 하강하는 어조 (˨˩)로 변화한다 :

第3声＋第1声　˨˩˦ ＋ ˥ → ˨˩ ＋ ˥　hěn gāo　（매우 높다）

第3声＋第2声　˨˩˦ ＋ ˧˥ → ˨˩ ＋ ˧˥　hěn máng　（매우 바쁘다）

第3声＋第4声　˨˩˦ ＋ ˥˩ → ˨˩ ＋ ˥˩　hěn dà　（매우 크다）

第3声＋軽声　˨˩˦ ＋ ˦ → ˨˩ ＋ ˦　hǎo ma?　（좋습니까?）

(2) 제3성이 별도의 제3성앞에 올 때, 처음의 제3성은 제2성으로 변한다 :

第3声＋第3声　˨˩˦ ＋ ˨˩˦ → ˧˥ ＋ ˨˩˦　hěn hǎo　（매우 좋다）

(3) 이와 같이 변화한 제3성을 ½3성 등으로 부르지만, ½3성에는 특별한 성조부호를 사용하지 않고 제3성의 성조부호를 그대로 사용한다.

3. 捲舌母音

"er"은 권설모음이다. 이 모음은 성모(자음)와 결합하지 않고, 항상 단독으로 음절을 이룬다. 입을 자연스럽게 벌리고, 설면을 평평하게 해서 애매한 〔ə〕모음을 내고, 재빨리 혀끝에 힘을 넣어 경구개를 향해서 말아올려 발음한다. 국제음성기호로는 〔ər〕로 쓰지만, 〔ə〕의 뒤에 〔r〕이라는 자음이 계속된다고 하기보다도 r적 색채를 가진 〔ə〕라고 할 수 있다.

예: értóng (「儿童」 아동), ěrduo (「耳朵」 귀)。

4. r 化韻

중국어에서는 운미(음절의 말미)가 권설화된 단어가 많다. 중국어의 로마자 철자(「拼音字母」 pīnyīnzìmǔ)에서는 "r"를 사용하여 표기한다. r화운은 하나의 독립된 음절이 아니고, 원래 말의 운모를 권설화시키거나, 권설화(혀를 말음)에 의해서 원래 말의 운모를 변화시키거나 하는 것이다.

예: xiǎoháir (「小孩儿」 어린이), mòshuǐr (「墨水儿」 잉크)。

第四课

一、范句 Fànjù ※ 예문

(一)

1. Wǒ shì xuésheng.
   我 是 学生。

2. Tā shì lǎoshī.
   他 是 老师。

(二)

3. Nà bú shì běnzi, nà shì shū.
   那 不是 本子, 那 是 书。

4. Zhè shì běnzi, bú shì shū.
   这 是 本子, 不 是 书。

(三)

5. Nǐ shì xuésheng må?
   你 是 学生 吗?

6. Tā shì lǎoshī må?
   他 是 老师 吗?

(四)

7. Wǒ shì xuésheng, tā yě shì xuésheng,
   我 是 学生, 他 也 是 学生,

wǒmen dōu shì xuéshēng.
我们 都 是 学生。

8. Tāmen dōu shì xuéshēng, wǒmen yě
他们 都 是 学生， 我们 也
dōu shì xuéshēng.
都 是 学生。

二、课文 Kèwén ※ 본문

(一)

Wǒ shì xuéshēng, nǐ shì xuéshēng, tā yě
我 是 学生， 你 是 学生， 他 也
shì xuéshēng. Wǒmen dōu shì xuéshēng. Wǒmen
是 学生。 我们 都 是 学生。 我们
dōu bú shì lǎoshī.
都 不 是 老师。

Nǐmen shì xuéshēng, tāmen yě shì xuéshēng,
你们 是 学生， 他们 也 是 学生，
nǐmen hé tāmen dōu shì xuéshēng. Tāmen bú
你们 和 他们 都 是 学生。 她们 不
shì xuéshēng, shì lǎoshī.
是 学生， 是 老师。

(二)

1. Zhè shì shū, nà yě shì shū.
这 是 书， 那 也 是 书。

2. Nà shì běnzi, zhè yě shì běnzi.
   那 是 本子, 这 也 是 本子。
3. Zhè shì gāngbǐ, nà yě shì gāngbǐ.
   这 是 钢笔, 那 也 是 钢笔。
4. Nà shì qiānbǐ, zhè yě shì qiānbǐ.
   那 是 铅笔, 这 也 是 铅笔。
5. Zhè bú shì bào, nà yě bú shì bào.
   这 不 是 报, 那 也 不 是 报。
6. Nà bú shì zhǐ, zhè yě bú shì zhǐ.
   那 不 是 纸, 这 也 不 是 纸。

三、生词 Shēngcí 새로나온 단어

1.	报	（名）bào	신문
2.	本子	（名）běnzi	공책
3.	不	（副）bù	……않다, ……아니다, (부정부사) 아니오
4.	都	（副）dōu	모두
5.	钢笔	（名）gāngbǐ	펜, 만년필
6.	和	（接）hé	……와
7.	老师	（名）lǎoshī	선생님, 스승
8.	吗	（助）ma	의문의 어기를 나타내는 어기조사, →제9과어법2 ……까? (의문조사)
9.	那	（代）nà	그것, 그, 저것, 저
10.	你	（代）nǐ	당신, 너, 자네
11.	你们	（代）nǐmen	당신들, 너희들
12.	铅笔	（名）qiānbǐ	연필
13.	是	（動）shì	……은……이다; 예, 그렇습니다
14.	书	（名）shū	책
15.	他	（代）tā	그, 그사람

16. 他们	(代)	tāmen	그들
17. 她	(代)	tā	그녀
18. 她们	(代)	tāmen	그녀들
19. 我	(代)	wǒ	나
20. 我们	(代)	wǒmen	우리들
21. 学生	(名)	xuésheng	학생
22. 也	(副)	yě	…도, 역시
23. 这	(代)	zhè	이, 이것
24. 纸	(名)	zhǐ	종이

四、语法 Yǔfǎ 문법

1. "A是B"의 문장

명사(대명사)가 주어로 오고, 다음에 「是十名詞(代詞)」가 술어로서 사용되면은, 「~은~이다」라는 뜻을 나타낸다. 이러한 문형에 있어서는 "是"는 보통 경성으로 읽는다. 강하게 읽을 때는 강조함을 나타내는 것으로, 「A는 확실히 B이다」라고 말하는 것과 같다.

2. 語気助詞 "吗"를 사용한 의문문

진술문의 문장 끝에 의문을 나타내는 어기조사 "吗"를 첨가하면 의문문이 된다. 예를 들면:

他是老师吗？　　그는 선생님입니까?

3. 副詞 "都"와 "也"

"都"와 "也"는 모두 부사인데 "都"는 그 앞에 있는 단어가 총괄하는 사물 전부를 가리킨다. "也"와 "都"를 함께 사용할 때에는 "也"를 "都"의 앞에 놓는다. 예를 들면:

我们都是学生。　　　　　우리들은 모두 학생입니다.
你是老师，她也是老师。　당신은 선생님이고, 그녀도 선생님입니다.

他们是学生，我们也都是学生。　　그들은 학생이며, 우리들도 모두 학생입니다.

4. 複数를 나타내는 接尾辞 "們"

접미사 "們"은 단수 인칭대명사나 사람을 나타내는 명사의 뒤에 첨가하면 복수가 된다. 사람과 관계없는 명사에는 "們"을 사용할 수가 없으므로 "书们"이나 "报們"이라고 말하지 않는다.

만일 문맥상 명사가 복수임이 분명히 나타난다면, "們"을 다시 사용하지 않는다. 예를 들면, "他們是老師"라고 말하지, "他們是老師們"이라고는 말하지 않는다.

5. 第3人称代名詞 "tā"의 表記

중국어의 제3인칭대명사에는 성(性)의 구별이 없고, 문자상으로는 "他"(남자), "她"(여자), "它"(인간이외의 사물)로 가려서 쓰지만, 모두 "tā"로 발음된다.

五、练习　Liànxí　　연습문제

다음 문장을 중국어로 번역하시오.
1) 저것은 책입니까?
   아니오, 저것은 공책입니다.
2) 당신은 선생님입니까?
   아니오, 나는 학생입니다. 그녀는 선생님입니다.
3) 이것은 연필입니다. 저것도 연필입니까?
   아니오, 저것은 연필이 아니라 만년필입니다.
4) 당신은 학생입니다. 그들도 학생입니까?
   예, 그들도 모두 학생입니다.

第五课

一、范句　Fànjù　　※ 예문

（一）

1. Lǎoshī　jiāo　zhōngwén.
   老师　<u>教</u>　中文。

2. Wǒmen　dōu　xué　zhōngwén.
   我们　都　<u>学</u>　中文。

3. Wǒmen　xiě　hànzì.
   我们　<u>写</u>　汉字。

（二）

4. Lǎoshī　jiāo　tāmen　zhōngwén.
   老师　<u>教</u>　他们　中文。

5. Xuésheng　wèn　lǎoshī　wèntí.
   学生　<u>问</u>　老师　问题。

6. Tā　jiāo　wǒmen　lìshǐ.
   她　<u>教</u>　我们　历史。

（三）

7. Wǒ bú niàn shēngcí, wǒ niàn kèwén.
   我 <u>不</u> 念 生词，我 念 课文。

8. Tā bù jiāo nǐmen fǎwén, jiāo nǐmen yīngwén.
   他 <u>不</u> 教 你们 法文，教 你们 英文。

9. Xuésheng dōu huì fǎwén, dōu bú huì zhōngwén.
   学生 都 会 法文，都 不会 中文。

(四)

10. Wǒmen yǒu shū, yǒu běnzi, yě yǒu zhǐ.
    我们 有 书，有 本子，也 有 纸。

11. Tā yǒu qiānbǐ, méi yǒu gāngbǐ.
    他 有 铅笔，没 有 钢笔。

12. Tā méi yǒu zhǐ, wǒ yě méi yǒu zhǐ, wǒmen dōu méi yǒu zhǐ.
    他 没 有 纸，我 也 没 有 纸，我们 都 没 有 纸。

二、课文 Kèwén ※ 본문

Wǒmen shì xuéshēng, wǒmen dōu xuéxí zhōngwén.
我们 是 学生，我们 都 学习 中文。
Lǎoshī jiāo wǒmen zhōngwén, yě jiāo wǒmen yīngwén.
老师 教 我们 中文，也 教 我们 英文。
Nǐmen xué lìshǐ, tāmen yě xué lìshǐ. Nǐmen hé tāmen dōu xué lìshǐ.
你们 学 历史，他们 也 学 历史。你们 和 他们 都 学 历史。

Tāmen niàn kèwén, nǐmen xiě hànzì, Tāmen niàn kèwén, yě niàn shēngcí. Wǒmen niàn kèwén, niàn
她们 念 课文，你们 写 汉字。他们 念 课文，也 念 生词。我们 念 课文，念

shēngcí, yě xiě hànzì.
生词，也 写 汉字。
　　　Wǒmen dōu yǒu qiānbǐ, yě yǒu gāngbǐ. Tāmen yǒu
　　我们 都 有 铅笔，也 有 钢笔。他们 有
gāngbǐ, méi yǒu qiānbǐ. Nǐmen yǒu běnzi, yě yǒu
钢笔，没 有 铅笔。你们 有 本子，也 有
zhǐ. Wǒmen dōu yǒu běnzi, yě dōu yǒu zhǐ. Tāmen
纸。我们 都 有 本子，也 都 有 纸。他们
dōu yǒu běnzi, dōu méi yǒu zhǐ.
都 有 本子，都 没 有 纸。

　　　　　　三、生词 Shēngcí　　　새로나온 단어

1.	法文	（名）fǎwén	불어
2.	汉字	（名）hànzì	한자
3.	会	（動,助動）huì	……할 수 있다,(배워서)：능숙하게 하다,→세11과 어법 1
4.	教	（動）jiāo	가르치다
5.	课文	（名）kèwén	과문, 교과서의 본문
6.	历史	（名）lìshǐ	역사
7.	没	（副）méi	("有"를 부정해서)……을 갖고 있지 않다, ……이 없다. ……하지 않았다 →제13과 어법 5
8.	念	（動）niàn	(소리를 내어)읽다
9.	生词	（名）shēngcí	새로나온 단어
10.	问	（動）wèn	묻다

11.	问题	（名）wèntí	문제, 질문
12.	写	（動）xiě	쓰다
13.	学	（動）xué	배우다, 공부하다
14.	学习	（動）xuéxí	공부하다, 배우다
15.	英文	（名）yīngwén	영어
16.	有	（動）yǒu	……을 가지고 있다, ……에게 ……이 있다
17.	中文	（名）zhōngwén	중국어

四、语法　Yǔfǎ　　　문법

1. 二重目的語를 수반한 動詞述語文

　　명사(대명사) 등이 주어로 오고, 다음에 동사가 술어로서 연결되어, 「～은 ～한다」라는 뜻을 나타낸다. 이와같은 문장에서는 「～은 ～을 ～한다, ～은 ～에게 ～한다」라고 하듯이, 동사의 뒤에 동작·행위가 미치는 사람·물건을 가리키는 목적어가 계속된다. 어떤 동사는 두 개의 목적어를 가지며, 간접목적어(행위의 대상이 되는 사람)는 앞에, 직접목적어(행위의 대상이 되는 사물)는 뒤에 온다. 예를 들면:

　　他教我们法文。　　그는 우리들에게 불어를 가르쳐 준다.

2. 否定副詞 "不"

　　동사앞에 "不"를 첨가하면, 「(이제부터)……하지 않는다」라는 식으로 미래의 동작을 부정하거나 또 「(평소부터, 이전부터)……하지 않는다, 하지 않았다」라고 하는 식으로 습관적동작을 부정하거나 또한 「……하려고 하지 않는다, ……하려고 하지 않았다」라고 하는 식으로 동작하려 하는 의지를 부정하는 것도 있다. 예를 들면:

　　她不会英文。
　　他不念课文。

(「그녀는 영어를 하지 못한다.」 또는 「그녀는 교과서의 본문을 읽으려고 하지 않는다.」)

3. "不"의 声調変化

"不"는 본래 제 4 성이지만, 뒤에 제 4 성이 계속될 경우는 제 2 성으로 변한다:

不会, 不问, 不是

4. 否定副詞 "没"

동사 "有"의 부정형은 항상 "没有"이며 "不有"라고 말하지 않는다. 예를 들면:

我有钢笔, 没有铅笔。   나는 만년필을 가지고 있지, 연필을 가지고 있지 않습니다.

五、练习 Liànxí   연습문제

다음 문장을 중국어로 번역하시오.
1) 선생님은 당신들에게 불어를 가르치십니까?
   아니오, 선생님은 우리들에게 불어를 가르치지 않습니다. 선생님은 우리들에게 중국어를 가르칩니다.
2) 우리들은 중국어를 공부합니다. 당신들도 중국어를 공부합니까?
   아니오, 우리들은 모두 영어를 공부합니다.
3) 당신은 종이를 가지고 있지 않습니다. 그들은 종이를 가지고 있습니까?
   아니오, 그들도 종이를 가지고 있지 않습니다.
4) 학생들은 모두 연필을 가지고 있습니까?
   예, 그들은 모두 연필을 가지고 있으며, 만년필도 가지고 있습니다.

第六课

一、词组和范句　Cízǔ hé fànjù　※어구와 예문

（一）

1. 一月
   yīyuè

2. 二月
   èryuè

3. 三月
   sānyuè

4. 四月
   sìyuè

5. 五月
   wǔyuè

6. 六月
   liùyuè

7. 七月
   qīyuè

8. 八月
   bāyuè

9. 九月
   jiǔyuè

10. 十月
    shíyuè

11. 十一月
    shíyīyuè

12. 十二月
    shíèryuè

（二）

13. 星期一
    xīngqīyī

14. 星期二
    xīngqīèr

15. 星期三
    xīngqīsān

16. 星期四
    xīngqīsì

17. 星期五　　　　　　　19. 星期日
　　xīngqīwǔ　　　　　　　　xīngqīrì

18. 星期六
　　xīngqīliù

（三）

20. 一本　书——这本　书
　　yìběn　shū　　zhèběn　shū

21. 一个　本子——那个　本子
　　yígè　běnzi　　nàgè　běnzi

22. 一枝　钢笔——那枝　钢笔
　　yìzhī　gāngbǐ　　nàzhī　gāngbǐ

23. 一枝　铅笔——这枝　铅笔
　　yìzhī　qiānbǐ　　zhèzhī　qiānbǐ

24. 三张　报——这　三张　报
　　sānzhāng　bào　　zhè　sānzhāng　bào

25. 十张　纸——那　十张　纸
　　shízhāng　zhǐ　　nà　shízhāng　zhǐ

（四）

26. 这　是　几本　书？
　　Zhè　shì　jǐběn　shū?

27. 那　是　多少（张）纸？
　　Nà　shì　duōshǎo(zhāng)　zhǐ?

28. 你　有　几枝　钢笔？
　　Nǐ　yǒu　jǐzhī　gāngbǐ?

29. 他 有 多少(本) 画报?
    Tā yǒu duōshǎo(běn) huàbào?

二、课文 Kèwén ※ 본문

(一)

1. 今年 是 一九七几年?
   Jīnnián shì yījiǔqījǐnián?

   (今年 是) 一九七一年。
   (Jīnnián shì) yījiǔqīyīnián.

2. 去年 是 一九七〇年。
   Qùnián shì yījiǔqīlíngnián.

3. 明年 是 一九七二年。
   Míngnián shì yījiǔqīèrnián.

4. 上(个)月 是 几月?
   Shàng(ge)yuè shì jǐyuè?

   上(个)月 是 九月。
   Shàng(ge)yuè shì jiǔyuè.

5. 这个月 是 十月。
   Zhègeyuè shì shíyuè.

6. 下(个)月 是 十一月。
   Xià(ge)yuè shì shíyīyuè.

7. 今天 是 几号(日)?
   Jīntiān shì jǐhào (rì)?

   (今天 是) 五号(日)。
   (Jīntiān shì) wǔhào (rì).

8. 昨天 是 四号(日)。
   Zuótiān shì sìhào (rì).

9. 明天 是 几月 几号?
   Míngtiān shì jǐyuè jǐhào?

（明天　是）　十月　六号。
(Míngtiān shì) shíyuè liùhào.

10. 今天　是　星期几？
　　 Jīntiān shì xīngqījǐ?

　　（今天　是）　星期二。
　　 (Jīntiān shì) xīngqīèr.

11. 昨天　是　星期一。
　　 Zuótiān shì xīngqīyī.

12. 明天　是　星期三。
　　 Míngtiān shì xīngqīsān.

（二）

1. 这　是　一本　书，那　是　三个
   Zhè shì yìběn shū, nà shì sāngè
   本子。
   běnzi.

2. 这　是　一张　报，那　是　十张
   Zhè shì yìzhāng bào, nà shì shízhāng
   纸。
   zhǐ.

3. 这　是　一枝　铅笔　和　一枝
   Zhè shì yìzhī qiānbǐ hé yìzhī
   钢笔。
   gāngbǐ.

4. 那　是　一本　杂志　和　四本
   Nà shì yìběn zázhì hé sìběn

画报。
huàbào.

5. 他 有 一本 书 和 三个 本子。
　 Tā yǒu yìběn shū hé sāngè běnzi.

三、生词　Shēngcí　　새로나온 단어

1.	八	(数) bā	팔, 8
2.	百	(数) bǎi	백, 100
3.	本	(量) běn	책, 공책 등을 세는 양사, ～권
4.	多少	(数) duōshǎo	얼마(수를 물어볼 경우의)
5.	二	(数) èr	둘, 2
6.	个	(量) gè	(각각의 사람·물건 등을 셀때 일반적으로 사용하는 양사)……개
7.	号	(名) hào	(몇월 몇일이라고 말할때의)…일(日)
8.	画报	(名) huàbào〔本〕	화보
9.	几	(数) jǐ	몇
10.	今年	(名) jīnnián	올해, 금년
11.	今天	(名) jīntiān	오늘
12.	九	(数) jiǔ	구, 9
13.	零	(数) líng	영, 0
14.	六	(数) liù	육, 6
15.	明年	(名) míngnián	내년
16.	明天	(名) míngtiān	내일
17.	年	(名) nián	해
18.	七	(数) qī	칠, 7
19.	千	(数) qiān	천, 1000
20.	去年	(名) qùnián	작년
21.	日	(名) rì	(몇월 몇일이라고 말할때의) 일(日)
22.	三	(数) sān	삼, 3

23.	上（月）		shàng (yuè)	지난 달, 지난 주, 먼젓번 등과같이 시간적으로 과거에 속하는 것을 가리킴
24.	十	（数）	shí	십, 10
25.	四	（数）	sì	사, 4
26.	五	（数）	wǔ	오, 5
27.	下（月）		xià (yuè)	다음 달, 다음 주, 다음 번 등과같이 시간적으로 미래에 속하는 것을 가리킴
28.	星期	（名）	xīngqī	주(週), 요일
29.	一	（数）	yī	일, 1
30.	月	（名）	yuè	달, 월
31.	杂志	（名）	zázhì〔本〕	잡지
32.	张	（量）	zhāng	…장, 종이 등을 세는 양사
33.	枝	（量）	zhī	…자루, 연필·펜·담배 등 가늘고 긴 물건을 세는 양사
34.	昨天	（名）	zuótiān	어제

四、语法 Yǔfǎ   문법

1. 数를 세는 방법

중국어는 10진법으로 수를 센다. 예를 들면：

```
          一  二  三  四  五  六  七  八  九  十
十一 十二 十三……………………………………………二十
二十一 二十二………………………………………………一百
一百零一……………二百一十………五百九十九………一千
一千零一………………一千零十五…………
         ………一千二百七十六………一千八百零二………二千
```

우리나라와 거의 비슷하지만, 다음 몇가지를 주의하지 않으면 안된다.
(1) 말미에 欠位가 있으면 위수사(十, 百, 千 등)를 생략할 수가 있다.

예:320은 "三百二"(sānbǎi èr), 3200은 "三千二"(sānqiān èr).

(2) 사이에 欠位가 있으면 반드시 "零"(líng)을 붙이지 않으면 안된다. 예: 3002는 "三千零二"(sānqiān líng èr), 3020은 "三千零二十"(sānqiān líng èrshí).

(3) "一"(yī)은, 位數詞가 "十"(shí) 일때는 생략되지만, 100이상의 경우는 "一百"(yìbǎi), "一千"(yìqiān)과 같이 붙일 필요가 있다. 또 "十"에서도 "一百一十"(yìbǎi yīshí)처럼 세자리 이상의 수의 가운데 사용된 경우는 "一"을 붙일 수가 있다.

2. 年, 月, 日

연호를 말할때에는 한자 한자씩 끊어서 읽는것이 보통이다:

一九四九年 十月 一日 (号)
yī jiǔ sì jiǔ nián shíyuè yīrì (hào)

3. 量詞

현대 중국어에서는, 수사가 직접 명사앞에 오지않고, 수사와 명사와의 사이에 반드시 양사(≒助數詞)를 써야만 한다. 몇몇의 명사에는 각각 정해진 양사가 있다. 양사 "个"는 매우 광범위하게 쓰인다. 예를 들면:

一本书 「한권의 책」, 三枝铅笔 「세자루의 연필」, 四张纸 「종이 4장」, 十五个学生 「15명의 학생」.

4. 疑問數詞 "几"와 "多少"

"几"와 "多少"는 모두 의문수사이다. 1부터 10까지의 수를 물을 경우에는 "几"를 쓰고, "多少"는 10 이상이나 예측할 수 없는 수에 쓴다. 예를 들면:

这是几?   이것은 몇입니까?
这是二。   이것은 2입니다.
那是多少?   저것은 얼마입니까?
那是一。   저것은 1입니다.
那是二十四。   저것은 24입니다.

주의 : 뒤에 명사가 올 때, "儿"에는 반드시 양사가 필요하지만, "多少"는 "儿"에 비교해서 어느정도 형용사적인 성질이 있으며, 양사를 생략할 수가 있다.

5. "一"의 声調変化

(1) 단독으로 쓰거나 여러자리 중의 두 자리, 또는 한 자리일 경우에는, 제1성으로 읽는다 : "那是一"(Nà shì yī), "二百一十一"(èrbǎi yīshíyī).

(2) 뒤의 음절이 제4성이거나 혹은 제4성에서 변화한 경성일 경우에는, 제2성으로 읽는다. : "一课"(yíkè), "一个"(yíge). 그밖의 성조 앞에서는 제4성으로 읽는다. : "一百"(yìbǎi), "一千", (yìqiān), "一本"(yìběn).

(3) 서수일 경우에는 "一"은 항상 제1성으로 읽는다 : "一月"(yīyuè).

五、练习 Liànxí   연습문제

1. 다음 수를 익숙하도록 읽으시오.
14   19   28   31   44 ;   105   214   576   820 ;   1002
1949   2050   8500

2. 다음 문장을 중국어로 번역하시오.
1) 그녀는 공책을 한권 가지고 있습니다.
2) 나는 잡지 5권과 화보 9권을 가지고 있습니다.
3) 당신은 신문을 몇장 가지고 있습니까?
   나는 신문을 12장 가지고 있습니다.
4) 당신은 만년필을 몇자루 가지고 있습니까?
   나는 만년필을 세자루 가지고 있습니다.
5) 저 학생은 연필을 몇자루 가지고 있습니까?
   그는 연필을 22자루 가지고 있습니다.

第七课

一、词组和范句　Cízǔ hé fànjù　※ 어구와 예문

(一)

1. 我 的 书
   wǒ de shū

2. 老师 的 钢笔
   lǎoshī de gāngbǐ

(二)

3. 这本 书 很 新。
   Zhèběn shū hěn xīn.

4. 这枝 铅笔 很 好。
   Zhèzhī qiānbǐ hěn hǎo.

5. 这个 本子 很 大。
   Zhègè běnzi hěn dà.

(三)

6. 这本 书 不 新。
   Zhèběn shū bù xīn.

7. 这枝 铅笔 不 好。
   Zhèzhī qiānbǐ bù hǎo.

8. 那个 本子 不 大。
   Nàgè běnzi bú dà.

(四)

9. 这本 书 新 吗?
   Zhèběn shū xīn mǎ?

10. 这枝 铅笔 好 吗?
    Zhèzhī qiānbǐ hǎo mǎ?

11. 那个 本子 大 吗?
    Nàge běnzi dà mǎ?

(五)

12. 这本 书 新 不 新?
    Zhèběn shū xīn bù xīn?

13. 这本 中文 书 好 不 好?
    Zhèběn zhōngwén shū hǎo bù hǎo?

14. 你 的 中文 书 多 不 多?
    Nǐ de zhōngwén shū duō bù duō?

(六)

15. 这 是 不 是 你 的 书?
    Zhè shì bú shì nǐ de shū?
    (这 是 你 的 书 不 是?)
    (Zhè shì nǐ de shū bú shì?)

16. 这 是 不 是 中文 书?
    Zhè shì bú shì zhōngwén shū?
    (这 是 中文 书 不 是?)
    (Zhè shì zhōngwén shū bú shì?)

二、课文 Kèwén ※ 본문

(一)

这是我的书。那是他的书。他
Zhè shì wǒ de shū. Nà shì tā de shū. Tā

的书很多，我的书也很多。我们的
de shū hěn duō, wǒ de shū yě hěn duō. Wǒmen de

书都很多。我们的英文书多，中文书
shū dōu hěn duō. Wǒmen de yīngwén shū duō, zhōngwén shū

少。这本中文书薄，那本中文书厚。
shǎo. Zhèběn zhōngwén shū báo, Nàběn zhōngwén shū hòu.

那不是老师的本子，那是学生的
Nà bú shì lǎoshī de běnzi, nà shì xuéshēng de

本子。我们都有本子。我们的本子都
běnzi. Wǒmen dōu yǒu běnzi. Wǒmen de běnzi dōu

很好。我们每天都作练习。
hěn hǎo. Wǒmen měitiān dōu zuò liànxí.

(二)

我们每天都学习一课课文。这课
Wǒmen měitiān dōu xuéxí yíkè kèwén. Zhèkè

课文长，那课课文短。短课文容易，
kèwén cháng, nàkè kèwén duǎn. Duǎn kèwén róngyì,

长课文也不难。
cháng kèwén yě bù nán.

我 每天 复习 旧 课，也 预习 新 课，
Wǒ měitiān fùxí jiù kè, yě yùxí xīn kè,
我 预习 新 课 的 生词、课文 和 语法。
wǒ yùxí xīn kè de shēngcí, kèwén hé yǔfǎ.

三、生词　Shēngcí　　새로나온 단어

1.	白	（形）bái	희다
2.	薄	（形）báo	얇다
3.	长	（形）cháng	길다
4.	大	（形）dà	크다, (비, 바람이) 심하다
5.	的	（助）de	명사를 수식할때에 쓰이는 구조조사, ……의, →제13과 어법 7
6.	短	（形）duǎn	짧다
7.	多	（形）duō	많다；(상황어로 쓰임) 보다 많게 →제25과 어법 4
8.	复习	（動）fùxí	복습하다
9.	好	（形）hǎo	좋다
10.	很	（副）hěn	퍽, 매우
11.	厚	（形）hòu	두껍다
12.	旧	（形）jiù	헌, 오래전, 낡다
13.	课	（名,量）kè	…과, 과목
14.	练习	（動,名）liànxí	연습(하다)
15.	每	（代）měi	매
16.	难	（形）nán	어렵다
17.	去	（動）qù	가다
18.	容易	（形）róngyi	용이하다, 쉽다
19.	少	（形）shǎo	적다, 보다 적게(상황어로 쓰임) →제25과 어법 4
20.	天	（名）tiān	(몇일간이라고 말할때의) 날, 일

21. 新	(形) xīn	새롭다
22. 语法	(名) yǔfǎ	어법, 문법
23. 预习	(動) yùxí	예습하다
24. 作	(動) zuò	…하다

四、语法 Yǔfǎ   문법

1. 名詞, 人稱代名詞가 所有関係를 가리키는 限定語로 되는 경우—構造助詞 "的" (1)

중국어에 있어서 한정어(=연체수식어)는 반드시 중심어(=피수식어)의 앞에 놓인다. 명사 혹은 인칭대명사가 소유관계에 있음을 나타내는 한정어일 때는 그 뒤에 흔히 조사 "的"을 쓴다. 예를 들면:

老师的画报   선생님의 (소유하는) 화보
我的书   나의 책

또한, 단음절형용사는, 보통 "的"을 동반하지 않고 직접 수식한다. 예: 新书 (xīn shū), 旧报 (jiù bào), 白纸 (bái zhǐ)。

2. 形容詞述語文 과 "很"

형용사가 술어가 될 경우에는 정도부사가 흔히 형용사를 수식하는데 가장 많이 쓰이는 것이 "很"이다. 그러나 여기에서의 "很"은 이미 그 뜻이 약화되어 "매우"의 뜻이 별로 없으며 선택식 의문문에서는 "很"을 쓰지 않는다. 예를 들면:

那本书很新。   저 책은 (매우) 새 것이다.
那本书不新。   저 책은 새롭지 않다.
那本书新吗?   저 책은 새것입니까?
那本书新不新?   저 책은 새것입니까?
("那本书很新不很新?" 이라고는 말할 수 없다.)

형용사가 단독으로 술어가 되면, 왕왕 다른것과 비교의 뜻이 된다. 예를 들면:

那本书新，这本书旧。　　저 책은 새것이지만, 이 책은 낡았다.
这张纸白，那张纸不白。　이 종이는 하얗지만, 저 종이는 하얗지 않다.

주의 : 형용사가 술어가 될 때는, 앞에 "是"를 사용하지 않는다.

3. 反復疑問文

하나의 동사 또는 형용사를 그의 부정형과 병열시키면 선택식 의문문이 된다. 예를 들면:

你去不去?　　　당신은 가십니까?
这本书好不好?　이 책은 좋습니까?

만약 동사의 뒤에 목적어가 있을 때는, 의문형을 두가지로 만들 수 있다:

我念不念课文?　　我念课文不念?　　내가 교재의 본문(텍스트)을 읽습니까?
你会不会中文?　　你会中文不会?　　당신은 중국어를 할 줄 아십니까?
他们有没有英文书?　他们有英文书没有?　그들은 영어책을 가지고 있습니까?
他是不是老师?　　他是老师不是?　　그는 선생님입니까?

五、练习 Liànxí   연습문제

중국어로 번역하시오. 단, 묻는 말에는 반복의문문을 사용하시오.
1) 이것은 당신의 만년필입니까?
   그것은 제 만년필입니다.
2) 이 만년필은 좋습니까?
   그 만년필은 좋습니다.
3) 당신은 영자신문을 가지고 있습니까?
   나는 영자신문을 가지고 있지 않습니다.
   나는 중국어신문을 가지고 있습니다.

4) 당신은 새로운 과를 예습합니까?
   나는 새로운 과를 예습하기도하고, 앞의 과도 복습합니다.
5) 이과의 본문은 어렵습니까?
   어렵지 않습니다. 이과의 본문은 쉽습니다.

第八课

一、词组和范句　Cízǔ hé fànjù　※ 어구와 예문

(一)

1. 每个 学生 都 有 本子 吗？
   Měige xuésheng dōu yǒu běnzi mǎ?

   每个 学生 都 有。
   Měige xuésheng dōu yǒu.

2. 每人 有 几个 本子？
   Měirén yǒu jǐge běnzi?

   每人 有 三个。
   Měirén yǒu sānge.

3. 你们 每天 作 练习 吗？
   Nǐmen měitiān zuò liànxí mǎ?

   我们 每天 作 练习。
   Wǒmen měitiān zuò liànxí.

(二)

4. 两本 书
   liǎngběn shū

5. 两本 杂志
   liǎngběn zázhì

6. 两张 纸
   liǎngzhāng zhǐ

7. 两枝 钢笔
   liǎngzhī gāngbǐ

8. 两个 本子
   liǎnggè běnzi

9. 两个 句子
   liǎnggè jùzi

二、课文 Kèwén ※ 본문

(一)

A: 你们 现在 学 什么？
   Nǐmen xiànzài xué shénme?

B: 我们 现在 学 中文。
   Wǒmen xiànzài xué zhōngwén.

A: 以后 你们 每个 人 都 学 中文 吗？
   Yǐhòu nǐmen měigè rén dōu xué zhōngwén ma?

B: 不，以后 他们 学 法文，我们 学 中文。
   Bù, yǐhòu tāmen xué fǎwén, wǒmen xué zhōngwén.

A: 你们 每天 都 有 课 吗？
   Nǐmen měitiān dōu yǒu kè ma?

B: 对了， 每天 都 有。
　　Duìle, měitiān dōu yǒu.

A: 每天 有 几节 课？
　　Měitiān yǒu jǐjié kè?

B: 每天 有 三节。
　　Měitiān yǒu sānjié.

A: 课文 难 不 难？
　　Kèwén nán bù nán?

B: 不 难， 每课 课文 都 很 容易。
　　Bù nán, měikè kèwén dōu hěn róngyi.

(二)

他 有 两本 中文 画报， 我 有
Tā yǒu liǎngběn zhōngwén huàbào, wǒ yǒu
十本 中文 画报， 我们 一共 有
shíběn zhōngwén huàbào, wǒmen yígòng yǒu
十二本 中文 画报。
shíèrběn zhōngwén huàbào.

第一课 有 十个 生词， 第二课 有
Dìyīkè yǒu shígè shēngcí, dìèrkè yǒu
十二个 生词， 两课 一共 有
shíèrgè shēngcí, liǎngkè yígòng yǒu
二十二个 生词。
èrshíèrgè shēngcí.

三、生词 Shēngcí 　　새로나온 단어

1. 第　　　　　(接頭) dì　　서수를 나타내는 접두사
2. 对了　　　　　　duìle　　예, 맞다, 옳다

3. 节　　　　　（量）jié　　　　단락, 구분 등을 나타내는 명사에
　　　　　　　　　　　　　　　　사용됨, (수업단위)
4. 句子　　　　（名）jùzi　　　　글, 구
5. 两　　　　　（数）liǎng　　　둘, 2
6. 人　　　　　（名）rén　　　　사람
7. 什么　　　　（代）shénme　　무엇, →제9과 어법 2
8. 现在　　　　（名）xiànzài　　지금, 현재
9. 一共　　　　（副）yígòng　　모두, 전부 합쳐서
10. 以后　　　　（名）yǐhòu　　　……이후
　　　　　　　　　　　　　　　　→제22과 어법 8

四、语法　Yǔfǎ　　　문법

1. 代名詞 "每"

현대 중국어에서 "每"는 직접 명사 앞에 놓일 수 없고, 반드시 양사를 끼워 넣어야 한다. 그러나 양사의 성격을 띤 명사는 양사를 사용하지 않는다. 예: "每天", "每课"(「어느 과도」) "每节课"「어느(수업)시간도」와 비교하시오).

또, 소수의 명사는 양사를 써도 좋고 안써도 좋다. 예: "每人", "每个人" 「어떤 사람도」.

2. "每……都……"

"每"를 사용한 문장에서는, 흔히 수량을 나타내는 단어나 부사 "都"가 곁들어질 때가 있으며 또 양자가 동시에 나타날 수도 있다. 예를 들면:

我们每天（都）有三节课。　우리들은 매일 3시간의 수업이 있다.
老师问每个学生一个问题。　선생님은 어느 학생에게나 각각 하나의 질문을
　　　　　　　　　　　　　　한다.
我们每个人都会英文。　　　우리들은 제각기 모두 영어를 할줄안다.
每个学生都有中文书。　　　어느 학생이나 모두 중국어책을 가지고 있다.

"都"를 쓸 경우에는 "예외없이 모두"란 뜻이 강조된다.

3． "二"와 "兩"

"二"과 "兩"은 모두 2를 표시하지만 그 사용하는 용법이 다르다.
(1) 서수에는 "二"를 쓰고, "兩"을 쓰지 않는다. 예：二月, 第二課.
(2) 여러자리의 수 중에서 1단위수는 "二"를 쓴다. 예：十二, 三十二, 一百零二.
(3) "十"과 "百"의 앞에서는 "二"를 쓴다. 예：二十, 二百. "千"의 앞에서는 "二"과 "兩"을 다 쓸 수 있다. 예：二千, 兩千.
(4) 양사 앞에서는 "兩"을 쓰고, "二"은 쓰지 않는다. 예：兩本書, 兩个人, 兩个月 ("二月"과 비교하라). 단, 양사 앞의 숫자가 여러자리일 때는 1단위수는 역시 "二"를 쓰고 "兩"은 쓰지 않는다. 예：十二个生詞. 一百零二个人.

4． 序数詞 "第" ＋量詞

"第一, 第二……"이 명사와 연용될 때에도 양사를 써야 한다. 예："第一个問題"를 "第一問題"라고는 말할 수 없다. 만약 명사 자신이 양사적 성격을 띠고 있을 경우에는 양사를 쓰지 않는다. 예："第二課", "第二天".

五、练习　Liànxí　　　연습문제

다음 문장을 중국어로 번역하시오.
1) 당신들은 각자 모두 중국어 신문을 읽습니까?
　　예, 우리들은 각자 모두 중국어 신문을 읽습니다.
2) 당신들은 매일 수업이 있습니까?
　　예, 우리들은 매일 2시간 수업이 있습니다.
3) 당신들은 각자 모두 불어를 할줄 압니까?
　　아니오, 우리들은 모두 불어를 할줄 모릅니다.
4) 당신은 중국어책을 몇권 가지고 있습니까?
　　나는 중국어잡지 12권과 중국어화보 2권을 가지고 있습니다.
　　전부 합쳐서 14권의 중국어책을 가지고 있습니다.

第九课

一、范句　Fànjù　※예문

(一)

1. 这本 书 是 我 的。
   Zhèběn shū shì wǒ de.

2. 那个 本子 是 他 的。
   Nàge běnzi shì tā de.

(二)

3. 那本 杂志 不 是 学生 的。
   Nàběn zázhì bú shì xuésheng de.

4. 这枝 铅笔 不 是 红 的。
   Zhèzhī qiānbǐ bú shì hóng de.

(三)

5. 这本 书 是 不 是 你 的？
   Zhèběn shū shì bú shì nǐ de?

   (这本 书 是 你 的 不 是？)
   (Zhèběn shū shì nǐ de bú shì?)

6. 这本 画报 是 不 是 学生 的？
   Zhèběn huàbào shì bú shì xuésheng de?

   (这本 画报 是 学生 的 不 是？)
   (Zhèběn huàbào shì xuésheng de bú shì?)

(四)

7. 你 是 <u>哪国</u> 人？
   Nǐ shì nǎguó rén?

8. 你 看 <u>哪本</u> 杂志？
   Nǐ kàn nǎběn zázhì?

9. 他 是 <u>谁</u>？
   Tā shì shuí?

10. <u>谁</u> 教 你们 中文？
    Shuí jiāo nǐmen zhōngwén?

11. 你 学 <u>什么</u>？
    Nǐ xué shénme?

12. 你 叫 <u>什么</u> 名字？
    Nǐ jiào shénme míngzi?

13. 他 在 <u>哪儿</u>？
    Tā zài nǎr?

14. 教室 在 <u>哪儿</u>？
    Jiàoshì zài nǎr?

15. 你们 的 学校 <u>怎么样</u>？
    Nǐmen de xuéxiào zěnmeyàng?

16. 那枝 钢笔 <u>怎么样</u>？
    Nàzhī gāngbǐ zěnmeyàng?

二、课文 Kèwén ※ 본문

(一)

A: 这些 书 是 谁 的？
   Zhèxiē shū shì shuí de?

B: 这些 书 是 我们 的。
　　Zhèxiē shū shì wǒmen de.

A: 这 是 什么 书?
　　Zhè shì shénme shū?

B: 这 是 语法 书。
　　Zhè shì yǔfǎ shū.

A: 这本 语法 书 怎么样?
　　Zhèběn yǔfǎ shū zěnmeyàng?

B: 这本 语法 书 很 好。
　　Zhèběn yǔfǎ shū hěn hǎo.

A: 谁 教 你们 语法?
　　Shuí jiāo nǐmen yǔfǎ?

B: 张 老师 (教 我们 语法)。
　　Zhāng lǎoshī (jiāo wǒmen yǔfǎ).

A: 张 老师 现在 在 哪儿?
　　Zhāng lǎoshī xiànzài zài nǎr?

B: (现在 张 老师) 在 她 的 办公室。
　　(Xiànzài Zhāng lǎoshī) zài tā de bàngōngshì.

A: 张 老师 的 办公室 在 不 在 这儿?
　　Zhāng lǎoshī de bàngōngshì zài bù zài zhèr?

B: (张 老师 的 办公室) 不 在 这儿, 在 那儿。
　　(Zhāng lǎoshī de bàngōngshì) bú zài zhèr, zài nàr.

（二）

1. 他　一共　有　十枝　铅笔。
   Tā　yígòng　yǒu　shízhī　qiānbǐ.
2. 两枝　（铅笔）　是　黄　的。
   Liǎngzhī　(qiānbǐ)　shì　huáng　de.
3. 两枝　（铅笔）　是　蓝　的。
   Liǎngzhī　(qiānbǐ)　shì　lán　de.
4. 两枝　（铅笔）　是　绿　的。
   Liǎngzhī　(qiānbǐ)　shì　lǜ　de.
5. 四枝　（铅笔）　是　红　的。
   Sìzhī　(qiānbǐ)　shì　hóng　de.

三、生词　Shēngcí　　새로나온 단어

1. 办公　　　　　　　bàngōng　　　　(사무실에서)일하다, (사무적인 일을) 처리하다
2. 办公室　　　（名）bàngōngshì　　사무실, 오피스
3. 国　　　　　（名）guó　　　　　　나라
4. 红　　　　　（形）hóng　　　　　붉다
5. 黄　　　　　（形）huáng　　　　노랗다, 누렇다
6. 叫　　　　　（動）jiào　　　　　(이름을)……라고 부르다
7. 教室　　　　（名）jiàoshì〔间〕 교실
8. 蓝　　　　　（形）lán　　　　　푸르다(남색)
9. 绿　　　　　（形）lǜ　　　　　　푸르다(녹색)
10. 名字　　　（名）míngzi　　　이름
11. 哪　　　　（代）nǎ(něi)　　어느 것
12. 哪儿（哪里）（代）nǎr(nǎli)　어디
13. 那儿（那里）（代）nàr(nàli)　거기, 저기
14. ……室　　　　　　……shì　　　……실

15.	谁	（代）shuí	누구
16.	学校	（名）xuéxiào	학교
17.	(一)些	(yì)xiē	약간, 조금
18.	在	（動, 前）zài	……은……에 있다……(의 장소)
			에서,……에 있어서 →제10과 어법 2
19.	怎么样	（代）zěnmeyàng	어때요?
			어떻습니까?
20.	这儿(这里)	（代）zhèr(zhèli)	여기

四、语法 Yǔfǎ   문법

1. 名詞, 人称代名詞, 形容詞로 구성된 名詞相当句

명사, 인칭대명사, 형용사의 뒤에 조사 "的"를 첨가하면 명사성 구조가 된다. 예를 들면：

这本书是老师的。   이 책은 선생님의 것입니다.（老师的＝老师的书）
这枝笔是我的。   이 붓은 나의 것입니다.   （我的＝我的笔）
这本杂志是新的。 이 잡지는 새로운 것입니다. （新的＝新的杂志）

마찬가지로, 수량사(数詞＋量詞), 代量詞（代詞＋量詞） 혹은 지시대명사＋수량사도, 문맥에서 뚜렷한 명사를 동반하지 않고 단독으로 쓰인다. 예："我有两本画报。你看哪一本？——我看这一本。"「나는 화보를 두권 가지고 있습니다. 당신은 어느 것을 보겠습니까?」——「나는 이것을 보겠습니다.」

2. 疑問代名詞를 사용한 疑問文

의문대명사를 사용한 의문문은 문장의 어순이 진술문과 똑같다. 예를 들면：

平 叙 文	疑 問 文
这本杂志是张老师的。	哪本杂志是张老师的？
	这本杂志是谁的？
张老师有两本杂志。	张老师有几本杂志？
	谁有两本杂志？

주의: 의문대명사를 사용한 의문문에서는, 문장끝에 "吗"를 붙일 수 없다.
단, "呢"(ne)라는 어기조사를 사용해서 의문의 기분을 더하게 한다.
예: "他是谁呢？"「그는 누구입니까？」

五、练习 Liànxí   연습문제

다음 문장을 중국어로 번역하시오.
1) 그녀의 책은 어떻습니까?
   그녀의 책은 새 것입니다.
2) 당신들의 선생님은 어느나라 사람입니까?
   우리들의 선생님은 중국인입니다.
3) 장선생님은 당신들에게 무엇을 가르칩니까?
   장선생님은 우리들에게 중국어를 가르칩니다.
4) 어느 잡지가 당신 것입니까?
   이 잡지가 저의 것입니다.
5) 어느 쪽의 만년필이 좋습니까?
   이 만년필이 좋고, 그 만년필은 좋지 않습니다.
6) 이 공책들은 누구의 것입니까?
   이 두권의 두툼한 공책은 우리들의 것이며, 이 12권의 얇은 공책은 그녀의 것입니다.

第十课

一、词组和范句　Cízǔ hé fànjù　※ 어구와 예문

(一)

2：00 —— 两点　（钟）
　　　　 liǎngdiǎn (zhōng)

2：05 —— 两点　五分
　　　　 liǎngdiǎn　wǔfēn

2：10 —— 两点　十分
　　　　 liǎngdiǎn　shífēn

2：15 —— 两点　十五分
　　　　 liǎngdiǎn　shíwǔfēn

　　　　 两点　一刻
　　　　 liǎngdiǎn　yíkè

2：30 —— 两点　三十分
　　　　 liǎngdiǎn　sānshífēn

　　　　 两点半
　　　　 liǎngdiǎnbàn

2：45 —— 两点　四十五分
　　　　 liǎngdiǎn　sìshíwǔfēn

　　　　 两点　三刻
　　　　 liǎngdiǎn　sānkè

　　　　 差　一刻　三点
　　　　 chà　yíkè　sāndiǎn

（二）

1. 现在 （是） 几点（钟）？
   Xiànzài (shì) jǐdiǎn(zhōng)?

2. 现在 （是） 两点。
   Xiànzài (shì) liǎngdiǎn.

3. 现在 （是） 十一点 十分。
   Xiànzài (shì) shíyīdiǎn shífēn.

（三）

4. 我们 每天 上午 八点（钟） 开始 上 课。
   Wǒmen měitiān shàngwǔ bādiǎn(zhōng) kāishǐ shàng kè.

5. 我们 每天 上午 十一点 三十五分 下 课。
   Wǒmen měitiān shàngwǔ shíyīdiǎn sānshíwǔfēn xià kè.

6. 每天 中午 我们 休息。
   Měitiān zhōngwǔ wǒmen xiūxi.

（四）

7. 您 从 哪儿 来？
   Nín cóng nǎr lái?

8. 我 从 办公室 来。
   Wǒ cóng bàngōngshì lái.

（五）

9. 他们 在 中国 学习。
   Tāmen zài Zhōngguó xuéxí.

10. 老师 在 教室 辅导 我们。
    Lǎoshī zài jiàoshì fǔdǎo wǒmen.

(六)

11. 我们 <u>跟</u> 老师 说 中文。
    Wǒmen gēn lǎoshī shuō zhōngwén.

12. 我 <u>跟</u> 他 一起 学习。
    Wǒ gēn tā yìqǐ xuéxí.

13. 我 <u>跟</u> 我 的 同学 一起 练习 写 汉字。
    Wǒ gēn wǒ de tóngxué yìqǐ liànxí xiě hànzì.

二、课文 Kèwén　※본문

张 老师 是 北京 人。今年 八月
Zhāng lǎoshī shì Běijīng rén. Jīnnián bāyuè
十五号 他 从 中国 的 首都 北京 来。
shíwǔhào tā cóng Zhōngguó de shǒudū Běijīng lái.
以前，他 在 北京 大学 工作，教 外国
Yǐqián, tā zài Běijīng dàxué gōngzuò, jiāo wàiguó
留学生 中文。从 十月 一号 开始 他
liúxuéshēng zhōngwén. Cóng shíyuè yīhào kāishǐ tā
教 我们。
jiāo wǒmen.

中文 发音 容易，语法 也 不 难。
Zhōngwén fāyīn róngyì, yǔfǎ yě bù nán.
我们 都 努力 学习。张 老师 常常 在
Wǒmen dōu nǔlì xuéxí. Zhāng lǎoshī chángcháng zài
教室 辅导 我们，跟 我们 一起 练习
jiàoshì fǔdǎo wǒmen, gēn wǒmen yìqǐ liànxí

发音, 分析 句子。 我们 也 常常 去
fāyīn, fēnxī jùzi. Wǒmen yě chángcháng qù

他 的 休息室 问 问题。
tā de xiūxishì wèn wèntí.

下星期一 我们 不 上 课, 去 参观
Xiàxīngqīyī wǒmen bú shàng kè, qù cānguān

一个 机器 制造厂。 张 老师 也 去。
yíge jīqì zhìzàochǎng. Zhāng lǎoshī yě qù.

三、生词　Shēngcí　　새로 나온 단어

1. 半　　　　　(数) bàn　　　　　반
2. 北京　　　　(名) Běijīng　　　북경
3. 参观　　　　(動) cānguān　　　참관하다, 견학하다
4. 差　　　　　(動) chà　　　　　못하다, 부족하다
5. 常常　　　　(副) chángcháng　항상, 자주
6. ……厂　　　　　……chǎng　　……공장
7. 从　　　　　(前) cóng　　　　……로 부터
8. 大学　　　　(名) dàxué　　　　대학
9. 点(钟)　　　(名) diǎn(zhōng)　(몇시라고 말할때의)……시
10. 发音　　　 (名) fāyīn　　　　발음
11. 分(钟)　　 (名) fēn(zhōng)　 (몇분이라고 말할때의)……분
12. 分析　　　 (動) fēnxī　　　　분석하다
13. 辅导　　　 (動) fǔdǎo　　　　도우며 지도하다
14. 跟　　　　 (前,接) gēn　　　……와, 과, ……에게(……하다)
15. 工作　　　 (動,名) gōngzuò　 일(을 하다), 작업
16. ……馆　　　　　……guǎn　　……관
17. 机器　　　 (名) jīqì　　　　 기계

18. 开始	(動)	kāishǐ	시작하다
19. 看	(動)	kàn	보다, 읽다
20. 刻	(名)	kè	15분을 "一刻"이라고 말함
21. 来	(動)	lái	오다
22. 留学生	(名)	liúxuéshēng	유학생
23. 您	(代)	nín	당신(경칭, 상대에게 경의를 나타낼 때에 쓰임) "你"의 존칭
24. 努力	(形)	nǔlì	노력하다, 근면한; (상황어에 쓰임) 노력하여
25. 上(课)	(動)	shàng(kè)	(수업에) 나가다, (수업을) 하다
26. 上午	(名)	shàngwǔ	오전, 상오
27. 首都	(名)	shǒudū	수도
28. 说	(動)	shuō	말하다
29. 宿舍	(名)	sùshè	기숙사, 숙사
30. 听	(動)	tīng	듣다
31. 同学	(名)	tóngxué	학우, 동창, 동급생
32. 图书	(名)	túshū	도서, 서적
33. 图书馆	(名)	túshūguǎn	도서관
34. 外国	(名)	wàiguó	외국
35. 晚上	(名)	wǎnshàng	저녁, 밤
36. 下(课)	(動)	xià(kè)	(수업이) 끝나다
37. 休息	(動)	xiūxi	쉬다, 휴식하다
38. 以前	(名)	yǐqián	지금까지, ……이전
39. 一起	(副)	yìqǐ	함께
40. 制造	(動)	zhìzào	제조하다
41. 制造厂	(名)	zhìzàochǎng	제조소, 제조공장
42. 中国	(名)	Zhōngguó	중국
43. 中午	(名)	zhōngwǔ	정오

四、语法　Yǔfǎ　　문법

1. 時間을 나타내는 名詞가 状況語로 되는 경우

시간을 나타내는 명사가 상황어(=인용수식어)가 되었을 때는, 문장 첫머리에 놓을 수도 있고, 또 그것이 수식하는 단어의 앞에 놓을 수도 있다. 예를 들면:

每天上午我们上三节课。	매일 오전 우리들은 3시간의 수업을 받습니다.
我们每天都八点上课。	우리들은 매일 8시에 수업합니다(수업이 시작됩니다).

그리고,「몇시」와 같은 단수가 붙지않는 시각에는 자주 "钟"을 붙일 수 있지만,「몇시 몇분」이라고 이어서 말할 경우는 "钟"을 붙이지 않는다. 예:"八点(钟)"

2. 前置詞 "从, 在, 跟"

전치사 "从", "在", "跟" 뒤에는 항상 목적어가 와서 전치사구조를 이룬다. 전치사구조는 보통 상황어가 된다. 예를 들면:

我从宿舍来。	나는 기숙사에서 왔습니다.
我在教室学习。	나는 교실에서 공부합니다.
我跟他一起练习发音。	나는 그와 함께 발음을 연습합니다.

3. 몇개의 動詞 또는 動詞句로써 構成된 述語

몇 개의 동사나 혹은 동사구조는 서로 연결되어 술어로 쓰일 수 있다. (연동식동사문이라고 한다). 이런 경우 가장 많이 볼 수 있는 케이스는 뒤의 동사 또는 동사구가 앞의 동작의 목적을 나타내는 경우이다. 예를 들면:

我去上课。	나는 수업하러 갑니다.
晚上我们去图书馆看书。	저녁에 우리들은 책을 읽기 위해서 도서관에 갑니다.

4. 目的語로 사용되는 品詞

   명사, 대명사 등 외에, 형용사, 동사 등도 목적어가 될 수 있다.
예를 들면 :

   我们练习听, 也练习说。   우리들은 듣는 것을 연습하기도 하고, 말하는 것도 연습합니다.

   我们练习说中文。   우리들은 중국어로 말하는 것을 연습합니다.

五、练习 Liànxí 연습문제

다음 문장을 중국어로 번역하시오.
1) 당신들은 매일 몇시에 일을 시작합니까?
   우리들은 매일 오전 8시반에 일을 시작합니다.
2) 당신들은 어디에서 중국어를 공부하고 있습니까?
   우리들은 북경대학에서 중국어를 공부하고 있습니다.
3) 다음주의 화요일, 우리들은 기계제조공장을 견학하러 갑니다.
   당신도 갑니까?
   나도 당신들과 함께 갑시다.
4) 당신들은 몇월부터 중국어를 공부하기 시작했습니까?
   금년 4월부터 우리들은 중국어를 공부하고 있습니다.

第十一课

一、范句 Fànjù ※예문

(一)

1. 他 在 <u>前边</u>。
   Tā zài qiánbiānr.

2. 我 在 <u>后边</u>。
   Wǒ zài hòubiānr.

3. 你 在 我们 (的) <u>旁边</u>。
   Nǐ zài wǒmen (de) pángbiānr.

4. 那张 桌子 在 两把 椅子 (的) <u>中间</u>。
   Nàzhāng zhuōzi zài liǎngbǎ yǐzi (de) zhōngjiànr.

(二)

5. <u>上边</u> 的 报 是 今天 的。
   Shàngbiānr de bào shì jīntiān de.

6. <u>下边</u> 的 报 是 昨天 的。
   Xiàbiānr de bào shì zuótiān de.

(三)

7. 我们 的 学校 在 城<u>外</u>。
   Wǒmen de xuéxiào zài chéngwài.

8. 我们 的 教室 在 这座 楼<u>里</u>。
   Wǒmen de jiàoshì zài zhèzuò lóulǐ.

9. 教室 在 楼下, 图书馆 在 楼上。
   Jiàoshì zài lóuxià, túshūguǎn zài lóushàng.

(四)

10. 这条 街上 有 很 多 商店。
    Zhètiáo jiēshàng yǒu hěn duō shāngdiàn.

11. 我们 学校 东边 有 一个 人民 公社。
    Wǒmen xuéxiào dōngbiānr yǒu yígè rénmín gōngshè.

12. 图书馆里 有 很 多 书, 也 有 很 多 杂志 和
    Túshūguǎnlǐ yǒu hěn duō shū, yě yǒu hěn duō zázhì hé
    画报。
    huàbào.

二、课文 Kèwén　　※ 본문

(一)

这 是 一条 大 街。街 (的) 北边 有
Zhè shì yìtiáo dà jiē. Jiē (de) běibiānr yǒu
一个 商店, 商店里 有 很 多 人, 他们 在
yígè shāngdiàn, shāngdiànlǐ yǒu hěn duō rén, tāmen zài
那儿 买 东西。这个 商店 的 东边 还 有
nàr mǎi dōngxi. Zhègè shāngdiàn de dōngbiānr hái yǒu
一个 很 大 的 书店, 书店里 的 人 也 不
yígè hěn dà de shūdiàn, shūdiànlǐ de rén yě bù
少, 他们 都 在 那儿 看 书 或者 买 书。
shǎo, tāmen dōu zài nàr kàn shū huòzhě mǎi shū.
这条 街 的 南边 有 一个 很 大 的 公园,
Zhètiáo jiē de nánbiānr yǒu yígè hěn dà de gōngyuán,

公园里 有 山，有 水，也 有 树。公园 的
gōngyuánli yǒu shān, yǒu shuǐ, yě yǒu shù. Gōngyuán de

西边 是 人民 公社。
xībiānr shì rénmín gōngshè.

(二)

北京 有 很 多 学校。他们 的 学校 在
Běijīng yǒu hěn duō xuéxiào. Tāmen de xuéxiào zài

这条 街 的 西边。学校 （的） 北边 有
zhètiáo jiē de xībiānr. Xuéxiào (de) běibiānr yǒu

一个 商店，还 有 一个 食堂。西边 是
yíge shāngdiàn, hái yǒu yíge shítáng. Xībiānr shì

人民 公社。学校 （的） 南边 还 有 一个
rénmín gōngshè. Xuéxiào (de) nánbiānr hái yǒu yíge

机器 制造 工厂。
jīqì zhìzào gōngchǎng.

三、生词 Shēngcí　　새로나온 단어

1. 把　　　　（量）bǎ　　자루 또는 쥐는 물건을 세는
　　　　　　　　　　　　　단위, 의자, 우산 등을 세는
　　　　　　　　　　　　　양사
2. 北边　　　（名）běibiānr　　북쪽
3. 城　　　　（名）chéng　　성, 시내
4. 东边　　　（名）dōngbiānr　　동쪽
5. 东西　　　（名）dōngxi　　물건
6. 工厂　　　（名）gōngchǎng　　공장
7. 公社　　　（名）gōngshè　　인민공사
8. 公园　　　（名）gōngyuán　　공원

9. 还	(副)	hái	그 외에, 그 위에 아직, →제26과 어법 1
10. 后边(后头)	(名)	hòubiānr (hòutou)	뒤
11. 或者	(接)	huòzhě	혹은, 또는
12. 街	(名)	jiē〔条〕	거리
13. 里边(里头)	(名)	lǐbiānr (lǐtou)	안
14. 楼	(名)	lóu〔座〕	2층이상의 건물, (건물의)층
15. 买	(動)	mǎi	사다
16. 南边	(名)	nánbiānr	남쪽
17. 旁边	(名)	pángbiānr	옆, 곁
18. 前边(前头)	(名)	qiánbiānr (qiántou)	앞
19. 人民	(名)	rénmín	국민
20. 山	(名)	shān	산
21. 商店	(名)	shāngdiàn	상점
22. 上边(上头)	(名)	shàngbiānr (shàngtou)	위
23. 食堂	(名)	shítáng	식당
24. 书店	(名)	shūdiàn	서점
25. 书架	(名)	shūjià	서가, 책장
26. 树	(名)	shù	나무,
27. 水	(名)	shuǐ	물
28. 条	(量)	tiáo	길, 하천 등 가늘고 긴 모양을 한 것을 세는 양사
29. 外边(外头)	(名)	wàibiānr (wàitou)	바깥쪽
30. 西边	(名)	xībiānr	서쪽
31. 下边(下头)	(名)	xiàbiānr (xiàtou)	아래

32. 椅子　　　　（名）yǐzi〔把〕　　　의자
33. 右边　　　　（名）yòubiānr　　　오른쪽
34. 中间　　　　（名）zhōngjiànr　　중간
35. 桌子　　　　（名）zhuōzi〔张〕　책상
36. 左边　　　　（名）zuǒbiānr　　　왼쪽
37. 座　　　　　（量）zuò　　　　　건물이나 산 등 비교적 크거나
　　　　　　　　　　　　　　　　　일정한 장소에 있는 것을 세는 양사

四、语法　Yǔfǎ　　　문법

1. 方位, 場所를 나타내는 名詞

"上, 下, 里, 外"는 일반적으로 단독으로 사용되지 않고, 오직 명사의 뒤에 붙여써서 방위나 장소를 나타낸다. 예: "桌子上", "楼下", "教室里", "城外".

"上边, 下边, 里边, 外边, 上头, 下头, 里头, 外头" 등은 "-边, -头"와 결합해서 방위와 장소를 나타내는 명사로서 단독으로 쓰일 수도 있고, 명사의 수식을 받을 수도 있다.

또, "上边"등이 명사뒤에 와서 명사에 수식되는 경우는, "的"을 사용하는 일은 적지만, 명사 앞에 와서 명사를 수식하는 경우는 반드시 "的"을 사용하지 않으면 안된다. 예: "桌子上边", "教室里头", "宿舍外边", "上边的杂志".

이와 마찬가지로, "东, 南, 西, 北, 左, 右"도 단독으로 쓸 수가 없다. 예: "东边的学校", "左边的书架"를 "东的学校", "左的书架" 등으로는 말할 수 없다.

2. 存在를 나타내는 "在"

「~이 ~에 있다」라고 할 경우, 존재하는 사람·물건이 주어가 되고, 다음으로 「在」(……은……에 있다)라고하는 동사가 술어로서 이어지고, 맨뒤에 존재하는 장소·방위를 가리키는 명사따위가 목적어로서 나타낼 수 있다:

　礼堂在教室楼前边, 图书馆在教室楼后边。　강당은 교실동의 앞에 있고,
　　　　　　　　　　　　　　　　　　　　　도서관은 교실동의 뒤에 있
　　　　　　　　　　　　　　　　　　　　　습니다

教室楼在礼堂和图书馆的中间。　　교실동은 강당과 도서관의 중간에 있습니다.

3. 存在를 나타내는 "有"

"有"가 때로는 존재를 나타내는데, 이때의 주어는 방위나 장소를 나타내는 말이 된다.
예를 들면:

书架上有很多书，还有不少杂志。책장위에 책이 많이 있고, 또 그 위에 많은 잡지가 있습니다.
公园（的）西边有一个人民公社。공원의 서쪽에 한개의 인민공사가 있습니다.
我桌子上没有报。　　나의 테이블위에는 신문이 없습니다.

4. "多"와 "少"가 限定語로 되는 경우

"多", "少"를 한정어로 삼을 때는, 반드시 앞에 부사 "很"을 쓰지 않으면 안된다. 예: "很多书"라고 말하며, "多书" 또는 "多的书"라고는 말할 수 없다. 마찬가지로 "很少人"에 대해서도, "少人"이나 "少的人"이라고 말할수 없다.

五、练习　Liànxí　　연습문제

1. "在" 또는 "有"를 사용하여 고쳐 쓰시오.
1) 椅子在桌子后边。
2) 桌子上有没有杂志？
3) 学校旁边有公园。
4) 食堂在宿舍楼南边吗？

2. 다음 문장을 중국어로 번역하시오.
1) 이 책꽂이 위의 책은 모두 중국어책입니다.
2) 오늘 신문은 어디에 있습니까?
   오늘 신문은 테이블위에 있습니다.
3) 학교옆에 상점이 있습니까?
   학교옆에 많은 상점이 있습니다.
4) 이 거리에 책방이 있습니까?
   이 거리에 책방은 없습니다. 책방은 저 거리에 있습니다.

第十二课

一、范句　Fànjù　※ 예문

(一)

1. 他 <u>来</u> <u>得</u> <u>很</u> <u>早</u>。
   Tā lái de hěn zǎo.

2. 他 <u>念</u> 课文 <u>念</u> <u>得</u> <u>很</u> <u>熟</u>。
   Tā niàn kèwén niàn de hěn shú.

3. 他 <u>说</u> 中文 <u>说</u> <u>得</u> <u>很</u> <u>流利</u>。
   Tā shuō zhōngwén shuō de hěn liúlì.

(二)

4. 他 <u>来</u> <u>得</u> <u>不</u> <u>早</u>。
   Tā lái de bù zǎo.

5. 他 <u>念</u> 课文 <u>念</u> <u>得</u> <u>不</u> <u>熟</u>。
   Tā niàn kèwén niàn de bù shú.

6. 他 <u>说</u> 中文 <u>说</u> <u>得</u> <u>不</u> <u>流利</u>。
   Tā shuō zhōngwén shuō de bù liúlì.

(三)

7. 他 <u>来</u> 得 早 不 早？
   Tā lái de zǎo bù zǎo?

8. 他 <u>念</u> 课文 <u>念</u> 得 熟 不 熟？
   Tā niàn kèwén niàn de shú bù shú?

9. 他 <u>说</u> 中文 <u>说</u> 得 流利 不 流利？
   Tā shuō zhōngwén shuō de liúlì bù liúlì?

（四）

10. <u>以前 的 生词</u>，我 都 记 得 很 清楚。
    Yǐqián de shēngcí, wǒ dōu jì de hěn qīngchǔ.

11. <u>老师 的 问题</u>，我 回答 得 很 正确。
    Lǎoshī de wèntí, wǒ huídá de hěn zhèngquè.

12. <u>每天 的 生词、课文 和 语法</u>，你 都 复习 得
    Měitiān de shēngcí, kèwén hé yǔfǎ, nǐ dōu fùxí de

    怎么样？
    zěnmeyàng?

二、课文　Kèwén　※ 본문

A: 他 学 中文 学 得 怎么样？
   Tā xué zhōngwén xué de zěnmeyàng?

B: 学 得 很 好。他 很 喜欢 中文。
   Xué de hěn hǎo. Tā hěn xǐhuān zhōngwén.

A: 他 的 发音 怎么样？
   Tā de fāyīn zěnmeyàng?

B: 比较 清楚，但是 声调 不 太
   Bǐjiào qīngchǔ, dànshì shēngdiào bú tài

   正确。
   zhèngquè.

A: 每天 的 课文，他 念 得 熟
   Měitiān de kèwén, tā niàn de shú

   不 熟？
   bù shú?

B: 念 得 很 熟。
   Niàn de hěn shú.

A: 他 的 练习 作 得 对 不 对?
   Tā de liànxí zuò de duì bù duì?

B: 作 得 不 都 对, 但是 错误 比较 少。
   Zuò de bù dōu duì, dànshì cuòwù bǐjiào shǎo.

A: 他 写 汉字 写 得 快 不 快?
   Tā xiě hànzì xiě de kuài bù kuài?

B: 写 得 不 快, 比较 慢, 但是 写 得 很 清楚, 很 整齐。
   Xiě de bú kuài, bǐjiào màn, dànshì xiě de hěn qīngchǔ, hěn zhěngqí.

A: 他 每天 复习 得 怎么样?
   Tā měitiān fùxí de zěnmeyàng?

B: 他 每天 都 复习, 他 非常 注意 学习 方法。以前 的 生词 都 记 得 很 清楚。每课 课文 都 背 得 很 熟。
   Tā měitiān dōu fùxí, tā fēicháng zhùyì xuéxí fāngfǎ. Yǐqián de shēngcí dōu jì de hěn qīngchǔ. Měikè kèwén dōu bèi de hěn shú.

A: 你们 生活 得 怎么样?
   Nǐmen shēnghuó de zěnmeyang?

B: 我们 生活 得 很 好。我们 早上
   Wǒmen shēnghuó de hěn hǎo. Wǒmen zǎoshàng

起 得 很 早, 晚上 睡 得 也
qǐ dé hěn zǎo, wǎngshàng shuì dé yě
不 太 晚。 每天 学习、 锻炼,
bú tài wǎn. Měitiān xuéxí、 duànliàn,
还 常常 看 电影 或者 去 参观。
hái chángcháng kàn diànyǐng huòzhě qù cānguān.

三、生词 Shēngcí   새로나온 단어

1.	背	(動) bèi	외다, 암송하다
2.	比较	(動,副) bǐjiào	비교하다, 비교적
3.	错误	(名) cuòwù	착오, 잘못되다
4.	但是	(接) dànshì	그러나
5.	得	(助) de	조구조사, 동사의 뒤에 놓여서 그 동작의 정도·결과·효과를 나타냄
6.	电影	(名) diànyǐng	영화
7.	锻炼	(動) duànliàn	(신체를) 단련하다
8.	对	(形) duì	맞다, 그렇다
9.	方法	(名) fāngfǎ	방법
10.	非常	(副) fēicháng	대단히
11.	回答	(動) huídá	대답하다
12.	记	(動) jì	기억하다
13.	快	(形) kuài	(속도가) 빠르다
14.	流利	(形) liúlì	유창하다
15.	慢	(形) màn	(속도가) 느리다, 천천히 하고 있다
16.	起	(動) qǐ	일어나다
17.	清楚	(形) qīngchǔ	분명하다
18.	声调	(名) shēngdiào	성조
19.	生活	(動,名) shēnghuó	생활(하다)

20. 熟	(形)	shú	잘 알고 있다, 익숙하다
21. 睡	(動)	shuì	자다
22. 太	(副)	tài	몹시, 너무 지나치게
23. 晚	(形)	wǎn	(시간이) 늦다
24. 喜欢	(動)	xǐhuān	좋아하다
25. 早	(形)	zǎo	(시간이) 이르다
26. 早上	(名)	zǎoshàng	아침
27. 整齐	(形)	zhěngqí	가지런하다
28. 正确	(形)	zhèngquè	정확하다, 바르다
29. 注意	(動)	zhùyì	주의하다

四、语法 Yǔfǎ 문법

1. 程度補語

동사 뒤에는 목적어 이외에 보어가 따를 수 있으며, 그 중 한가지가 동작이 도달하는 정도를 중점적으로 설명하므로, 이를 정도보어 (=「得」補語)라고 부른다. 예를 들면:

他写得好。　　　　그는 글씨솜씨가 좋다. → 그는 글을 잘쓴다.
你说得对。　　　　당신이 말하는 것은 옳다. → (당신이 말씀하신 것은),
　　　　　　　　　옳으십니다.
他今天来得很早。　그는 오늘 오는것이 매우 빨랐다.

이러한 보어는 형용사로 이루어져 있고, 동사와 보어 사이에는 조사 "得" (de)를 넣어서 연결한다.

2. 程度補語의 否定과 疑問

정도를 나타내는 동보구(=「동사+보어」)는 긍정식, 부정식, 및 의문식이 있는데 다음과 같다.

肯　定	否　定	疑　問
他写得好。	他写得不好。	他写得好不好？
他说得对。	他说得不对。	他说得对不对？
他来得很早。	他来得不早。	他来得早不早？

물론, 어기조사 "吗"를 사용하여 의문문을 만들 수도 있다. 예를 들면:

他写得好吗？　　　그는 글씨를 잘 씁니까？
他写得不好吗？　　그는 글씨를 잘 쓰지 못합니까？

3. 程度補語와 目的語 두가지를 동반하는 경우

動目句（＝「動詞＋目的語」）의 뒤에 보어를 첨가하는 경우는, 반드시 동사를 중복시켜야 한다. 예를 들면:

他写汉字写得很快。　　그는 한자를 쓰는 것이 매우 빠르다. → 그는 한자를 매우 빨리씁니다.
他说中文说得很流利。　그는 중국어의 말솜씨가 유창하다.
　　　　　　　　　　→ 그는 중국어를 유창하게 말합니다.

4. 目的語의 前置

술어가 비교적 복잡한 문장에서는 말을 짜임새있게 하기 위하거나 또는 목적어를 두드러지게 하기 위하여 종종 목적어를 동사 앞에 끌어내고, 심지어는 문장 첫 머리에 두기도 한다. 정도보어가 있는 문장속에서는 목적어가 동사 앞으로 올 경우 동사를 중복시킬 필요가 없다. 비교해 보면:

他念课文念得很熟。　그는 본문을 매우 익숙하게 읽습니다.
他课文念得很熟。　　그는 본문을 매우 익숙하게 읽습니다.
课文他念得很熟。　　본문을 그는 매우 익숙하게 읽습니다.

五、练习　Liànxí　　연습문제

다음 문장을 중국어로 번역하시오.
1) 당신은 매일 아침 일찍 일어납니까?
   나는 매일 아침 일찍 일어납니다.
2) 그녀는 한자쓰는 솜씨가 어떻습니까?
   그녀는 한자를 똑똑하게(바르게) 씁니다.
3) 당신은 중국어를 유창하게 말합니까?
   나는 비교적 빨리 중국어를 말합니다만, 그러나 말하는 솜씨가 그다지 정확하지는 않습니다.
4) 선생님의 질문에 당신은 정확하게 대답합니까?
   언제나 정확하게 대답할 수는 없습니다.

第十三课

一、范句　Fànjù　※ 예문

(一)

1. 几点　了?
   Jǐdiǎn　le?

2. 什么　时候　了?
   Shénme　shíhòur　le?

3. 三点半　了。
   Sāndiǎnbàn　le.

4. 上　课　了。
   Shàng　kè　le.

5. 星期日　下午　你们　作　什么　了?
   Xīngqīrì　xiàwǔ　nǐmen　zuò　shénme　le?

6. 今天　上午　我们　参观　展览会　了。
   Jīntiān　shàngwǔ　wǒmen　cānguān　zhǎnlǎnhuì　le.

(二)

7. 我　朋友　买了　一本　《人民　画报》。
   Wǒ　péngyǒu　mǎile　yìběn　《Rénmín　huàbào》.

8. 我们　学了　一课　新　课文。
   Wǒmen　xuéle　yíkè　xīn　kèwén.

9. 他们 讨论了 两个 问题。
　　Tāmen tǎolùnle liǎnggè wèntí.

(三)

10. 你们 下了 课 干 什么?
　　Nǐmen xiàle kè gàn shénme?

　　我们 下了 课 去 锻炼。
　　Wǒmen xiàle kè qù duànliàn.

11. 星期日 我 作了 练习 就 进 城。
　　Xīngqīrì wǒ zuòle liànxí jiù jìn chéng.

12. 明天 你们 来 了，我们 一起 去 参观。
　　Míngtiān nǐmen lái le, wǒmen yìqǐ qù cānguān.

(四)

13. 你 作了 练习 没有?
　　Nǐ zuòle liànxí méiyǒu?

　　没有。
　　Méiyǒu.

14. 你们 昨天 看了 电影 没有?
　　Nǐmen zuótiān kànle diànyǐng méiyǒu?

　　我们 昨天 没 看。
　　Wǒmen zuótiān méi kàn.

15. 练习里 的 句子，你们 翻译了 吗?
　　Liànxílǐ de jùzi, nǐmen fānyǐle ma?

　　她 翻译了，我 没(有) 翻译。
　　Tā fānyǐle, wǒ méi(yǒu) fānyǐ.

二、课文 Kèwén ※본문

(一)

李华(Lǐhuá) 和(hé) 他(tā) (的)(de) 爱人(àirén) 都(dōu) 是(shì) 工人(gōngrén)。他们(Tāmen) 的(de) 工厂(gōngchǎng) 在(zài) 城外(chéngwài)。昨天(Zuótiān) 是(shì) 星期日(xīngqīrì),他们(tāmen) 一起(yìqǐ) 进(jìn) 城(chéng) 了(le)。

他们(Tāmen) 先(xiān) 去(qù) 参观了(cānguānle) 一个(yíge) 展览会(zhǎnlǎnhuì)。看了(Kànle) 展览会(zhǎnlǎnhuì),又(yòu) 去(qù) 买(mǎi) 东西(dōngxi)。他们(Tāmen) 买了(mǎile) 一架(yíjià) 收音机(shōuyīnjī)、三斤(sānjīn) 糖(táng)、两块(liǎngkuài) 肥皂(féizào) 和(hé) 一点儿(yìdiǎnr) 别的(biéde) 东西(dōngxi)。

(二)

A: 昨天(Zuótiān) (是)(shì) 星期日(xīngqīrì),你(nǐ) 作了(zuòle) 些(xiē) 什么(shénme)?

B: 上午(Shàngwǔ) 我(wǒ) 在(zài) 学校(xuéxiào) 复习了(fùxíle) 两课(liǎngkè)

课文。下午 我 和 一个 朋友 去
kèwén. Xiàwǔ wǒ hé yígè péngyǒu qù
看了 一个 电影。 看了 电影,
kànlè yígè diànyǐng. Kànlè diànyǐng,
我们 又 去 买了 一点儿 东西。
wǒmén yòu qù mǎilè yìdiǎnr dōngxi.

A: 新 的 《北京 周报》 你 买了 没有?
Xīn dè 《Běijīng zhōubào》 nǐ mǎilè méiyǒu?

B: 没有 买, 我们 没有 去 外文
Méiyǒu mǎi, wǒmén méiyǒu qù wàiwén
书店。
shūdiàn.

三、生词　Shēngcí　　새로나온 단어

1.	爱人	(名) àirén	남편, 처, 애인, 약혼자
2.	北京周报	Běijīng zhōubào	북경주보
3.	别的	(代) biédě	다른
4.	吃	(動) chī	먹다
5.	翻译	(動, 名) fānyì	번역(하다), 통역
6.	饭	(名) fàn	식사, 밥
7.	肥皂	(名) féizào〔块〕	비누
8.	干	(動) gàn	…하다, …을 맡다
9.	告诉	(動) gàosǔ	알리다, 말하다
10.	工人	(名) gōngrén	노동자, 공인
11.	……会	……huì	……회
12.	……机	……jī	……기
13.	架	(量) jià	받침대·기계류·비행기·선반 따위를 세는 양사, 대

14. 斤	(量)	jīn	무게의 단위, 근(0.5kg)
15. 进	(動)	jìn	들어가다
16. 就	(副)	jiù	(시간적으로) 곧, 즉시, 벌써; (……하면) 곧, 즉시; 오직, 다만……뿐이다다름이 아니라 ……이다;(만일……라면) 그 경우는; →제16과 어법 5, 제26과 어법 3
17. 块	(量)	kuài	돈·덩어리·돌 등에 쓰는 양사, ……개
18. 了	(助,接尾)	le	새로운 상황의 출현을 나타내는 어기조 동작의 완료를 나타내는 접미사
19. 朋友	(名)	péngyou	친구
20. 时候	(名)	shíhour	때
21. 收音机	(名)	shōuyīnjī〔架〕	라디오
22. 糖	(名)	táng〔斤, 块〕	사탕, 당분, 엿
23. 讨论	(動)	tǎolùn	토론(하다)
24. 外文	(名)	wàiwén	외국어
25. 下(雨)	(動)	xià(yǔ)	(비가) 내리다
26. 下午	(名)	xiàwǔ	오후
27. 先	(副)	xiān	먼저, 우선
28. 小	(形)	xiǎo	작다, (비, 바람이) 약하다
29. 要	(助動, 動)	yào	……하려고 하다, ……하련다, ……하지 않으면 안된다, →제14과 어법 1
30. 一定	(形)	yídìng	반드시, 꼭
31. 一点儿		yìdiǎnr	조금, 약간
32. 又	(副)	yòu	새로이, 다시금, 또다시;……하고 난뒤에 이번은 또; 그 위에 또, →제16과 어법 4, 제26과 어법 4
33. 雨	(名)	yǔ	비

34. 展览	（名,動）zhǎnlǎn	전람(하다)
35. 展览会	（名）zhǎnlǎnhuì	전람회
36. 找	（動）zhǎo	찾다, (사람을)방문하다

四、语法　Yǔfǎ　　문법

1. 文末의 語気助詞 "了"

문장끝에 놓이는 어기조사 "了"는 다음과 같은 뜻을 나타낸다：

(1) 문장끝에 새로운 상황이 출현하는 경우(혹은 어떤 상황이 이미 존재하고 있었는데, 화자가 느끼지 못했다가 비로소 알아차린 경우). 예를 들면：

下雨了。　　（그때까지 비는 내리고 있지 않았지만, 지금 내려온다）.
雨大了。　　（비는 그때까지 심하지 않았지만, 지금 심하게 온다）.
雨小了。　　（비는 그때까지 심했지만, 지금 조금 오고있다）.
不下了。　　（비는 그때까지 내리고 있었지만, 어느새 내리지 않고 있다）.

(2) 과거에 일어난 어떤 사건을 나타내는 경우. 예를 들면：

昨天我去参观了。　　어제 나는 견학하러 갔습니다.
他早上告诉我了。　　그는 아침에 나에게 말했습니다.

만약 항상 발생하거나 혹은 자주 발생하는 상황이 비록 과거에 있었을지라도 어기조사 "了"를 사용할 수 없다.
예를 들면：

以前他常常跟我一起锻炼。　　이전에 그는 자주 나와함께 몸을 단련 했습니다.
去年我在北京工作。　　작년에 나는 북경에서 일을 했습니다.

2. 動詞接尾辞 "了"

동사의 뒤에 접미어 "了"를 덧붙이면 동작의 완성을 나타낸다. 비교하면：

我买一本中文书。	나는 중국어 책을 한권 사겠습니다. (살작정이지만 아직 사지 않았다).
我买了一本中文书。	나는 중국어 책을 한권 샀습니다. (이미 사고 말았다.)

3. "了"를 수반한 動詞 뒤에 오는 目的語가 数量詞를 수반하는 경우와 수반하지 않는 경우.

　　"了"가 붙은 동사 뒤에 수량사를 동반하지 않은 목적어가 있을 때는 독립된 문장이 될 수 없으므로 반드시 문장끝에 어기조사 "了"를 덧붙여야 한다. 다음 문장을 비교해 보시오.

下了课，去书店吧。	수업이 끝나면, 책방으로 갑시다.
我们已经吃了饭了。	우리들은 벌써 식사를 마쳤습니다.
今天上了两节课。	오늘 2시간 수업을 받았습니다.
这本书我们已经学了十三课了。	이 책을, 우리들은 이미 13과분을 배웠습니다.

4. "了"는 動作의 完了를 强調한다.

　　접미어 "了"는 동작의 완료를 나타낸다. 과거, 미래를 막론하고 완성을 강조하면 "了"를 써야 한다. 완료를 강조하지 않을 때는 비록 과거의 동작이라도 "了"를 쓰지 않는다. 예를 들면：

明天下了课我们一起去。	내일 수업이 끝나면, 우리들은 함께 갑시다.
你到了北京一定要来找我。	당신은 북경에 오면, 꼭 나를 찾아 오십시오.
上星期每天下雨。	지난주는 매일 비가왔다.

5. "了"를 수반한 動詞의 否定

"买"의 부정형은 "不买"이며, "买了"의 부정형은 "没(有)买"이다. (주의 : 부정형에서는 동사의 뒤에 "了"를 붙이지 않는다.) 비교해 보면:

我不买。　　　（사려고 하지 않거나, 아직 살 의사가 없다.）
我没(有)买。　（실제로 사지 않았거나, 아직 사지 않았다.）

6. "了"를 수반하는 動詞의 反復疑問

"买不买"와 상응하는 완료형의문문은 "买了没有"이다. (주의 : "没有买"는 "没买"라고 쓸 수 있으나, "买了没有"를 "买了没"라고는 쓸 수 없으며 "没"를 문장의 끝에 나타낼 수는 없다.)

7. 人称代名詞가 限定語로 되는 경우의 "的"의 省略──構造的詞 "的"(2) 助

인칭대명사가 한정어가 될 때, 만약 중심어가 친속관계일 경우 한정어 뒤에 조사 "的"을 쓰지 않아도 된다. 예 : "他爱人", "我同学".

五、练习　Liànxí　　　연습문제

다음 문장을 중국어로 번역하시오.
1) 12시 5분전이 되었습니다. 당신은 아직도 일을 합니까?
2) 지난주 일요일 우리들은 영화를 보러 갔습니다.
3) 어제 오후 내 친구는 라디오를 한대 샀습니다.
4) 영화를 보고 나서, 나는 책을 두권 샀습니다.
5) 식사를 끝마치면 무엇을 합니까?
　　식사를 끝마치면 함께 쇼핑을 갑시다.
6) 당신들은 전람회를 참관했습니까?
　　아니오, 참관하지 않았습니다.

第十四课

一、范句　Fànjù　　※ 예문

(一)

1. 我们　上午　从　八点　到　十一点　三十五分　上　课。
   Wǒmen　shàngwǔ　cóng　bādiǎn　dào　shíyīdiǎn　sānshíwǔfēn　shàng　kè.

2. 我们　从　星期一　到　星期六　都　有　课。
   Wǒmen　cóng　xīngqīyī　dào　xīngqīliù　dōu　yǒu　kè.

(二)

3. 他　会　说　中文。
   Tā　huì　shuō　zhōngwén.

4. 他　能　看　中文　报。
   Tā　néng　kàn　zhōngwén　bào.

5. 我　要　去　锻炼。
   Wǒ　yào　qù　duànliàn.

6. 我们　应该　努力　学习。
   Wǒmen　yīnggāi　nǔlì　xuéxí.

(三)

7. 他　会　不　会　说　中文？
   Tā　huì　bú　huì　shuō　zhōngwén?

8. 他　能　不　能　看　中文　报？
   Tā　néng　bú　néng　kàn　zhōngwén　bào?

(四)

9. 他 <u>三点钟</u> <u>就</u> <u>要</u> <u>走</u> 了。
   Tā sāndiǎnzhōng jiù yào zǒu le.

10. <u>国庆节</u> <u>快</u> 要 <u>到</u> 了。
    Guóqìngjié kuài yào dào le.

(五)

11. <u>要 下 雪 了</u>。
    Yào xià xuě le.

12. <u>出 太阳 了</u>。
    Chū tàiyáng le.

二、课文 Kèwén ※본문

一年里 有 春天、夏天、秋天 和
Yìniánli yǒu chūntiān, xiàtiān, qiūtiān hé
冬天。
dōngtiān.

　　北京 从 三月 到 五月 是 春天,
Běijīng cóng sānyuè dào wǔyuè shì chūntiān,
六月 到 八月 是 夏天, 九月 到 十一月
liùyuè dào bāyuè shì xiàtiān, jiǔyuè dào shíyīyuè
是 秋天, 从 十二月 到 二月 是 冬天。
shì qiūtiān, cóng shí'èryuè dào èryuè shì dōngtiān.

　　北京 的 春天 天气 比较 暖和。从 六月
Běijīng de chūntiān tiānqì bǐjiào nuǎnhuo. Cóng liùyuè
开始 是 夏天,夏天 不 太 热, 七月 和
kāishǐ shì xiàtiān, xiàtiān bú tài rè, qīyuè hé

八月 常常 下 雨。北京 的 秋天 不 冷
bāyuè chángcháng xià yǔ. Běijīng de qiūtiān bù lěng
也 不 热，很 少 刮 风，天气 很
yě bú rè, hěn shǎo guā fēng, tiānqì hěn
好。冬天 不 太 冷，但是 有的 时候
hǎo. Dōngtiān bú tài lěng, dànshì yǒude shíhour
刮 风 或者 下 雪。
guā fēng huòzhě xià xuě.

北京 的 冬天 可以 滑 冰，不 能
Běijīng de dōngtiān kěyǐ huá bīng, bù néng
滑 雪。我 不 会 滑 冰，今年 冬天
huá xuě. Wǒ bú huì huá bīng, jīnnián dōngtiān
我 要 学。
wǒ yào xué.

我们 应该 努力 学习，也 要 常常
Wǒmen yīnggāi nǔlì xuéxí, yě yào chángcháng
锻炼 身体。
duànliàn shēntǐ.

三、生词　Shēngcí　　새로나온 단어

1. 吧　　　　（助）ba　　　허가·승낙·추측·권고·명령·동의를
　　　　　　　　　　　　　나타내는 어기조사，→제16과 어법 6
2. 帮助　　　（动）bāngzhù　돕다
3. 毕业　　　（动）bìyè　　졸업하다
4. 抽　　　　（动）chōu　　피우다
5. 出　　　　（动）chū　　　나가다
6. 春天　　　（名）chūntiān　봄
7. 从……到……　cóng……dào……　……로부터……까지

8. 到	(動)	dào	도착하다, 가다, ……의 시간이 되다
9. 冬天	(名)	dōngtiān	겨울
10. 风	(名)	fēng	바람
11. 刮(风)	(動)	guā(fēng)	(바람이)불다
12. 国庆	(名)	guóqìng	국가의 경사("国庆节"는 국경일)
13. 滑冰		huá bīng	스케이트를 타다
14. 滑雪		huá xuě	스키를 타다
15. ……节		……jié	축제일, ……절, ……기념일
16. 可以	(助動)	kěyǐ	……할 수 있다, ……하여도 좋다
17. 冷	(形)	lěng	춥다, 차다
18. 呢	(助)	ne	동작의 진행상태를 강조한다, →제21과 어법1; 의문의 어기를 나타냄
19. 能	(助動)	néng	……할 수 있다, ……하여도 좋다
20. 暖和	(形)	nuǎnhuo	따뜻하다
21. 秋天	(名)	qiūtiān	가을
22. 热	(形)	rè	덥다
23. 身体	(名)	shēntǐ	신체
24. 太阳	(名)	tàiyáng	태양
25. 天气	(名)	tiānqì	날씨
26. 夏天	(名)	xiàtiān	여름
27. 雪	(名)	xuě	눈
28. 应该	(助動)	yīnggāi	마땅히……해야 한다
29. 有的		yǒude	있다……, 어떤 사람(물건)은……→ 제15과 어법 2

四、语法　Yǔfǎ　　　문법

1. 助動詞 "能, 可以, 会, 要"

조동사 (능원동사) "能, 可以, 会, 要" 등은 항상 동사 앞에 놓여져서 가능이나 소망을 나타낸다.

(1) "能, 可以"

① 어떤 일을 능력으로 할 수 있음을 나타낸다. 예를 들면:

那个工厂能（可以）制造很多大机器。　　그 공장은 커다란 기계를 많이 제
　　　　　　　　　　　　　　　　　　　　　조할 수 있습니다.

我能（可以）说中文。　　나는 중국어를 말할 수 있습니다.

② 조건부 허가. 예를 들면:

我们今天晚上不学习, 能（可以）　　우리들은 오늘밤 공부를 하지 않기 때
去看电影。　　　　　　　　　　　　문에, 영화를 보러갈 수가 있습니다.

③ 윤허 또는 금지, 예를 들면:

这里能（可以）抽烟 (chōu yān)。　　여기에서 담배를 피워도 됩니다.

단, 모든 조동사가 "不"를 사용해서, 그 원래 의미의 반대개념을 나타내는 것이 가능하다고 만은 할 수 없다. 부정형 및 의문형은 다음과 같다.:

	肯定	否定	疑問	
力量	能, 可以	不能	能不能？	能吗？ 可以吗？
条件	能, 可以	不能	能不能？	能吗？ 可以吗？
許可	能, 可以	不能, 不可以	能不能？ 可以不可以？	能吗？ 可以吗？

(2) "会"

① 학습이나 훈련에 의하여 얻은 기능.

他会滑冰，我不会。　　그는 스케이트를 탈줄 압니다. 나는 탈줄 모릅니다.
你会抽烟吗？　　　　 당신은 담배를 피울줄 압니까？

② 가능성, 예를 들면：

不会下雨，你去吧。　　비가 올리가 없으니, 가세요.
他会来帮助你。　　　　그는 꼭 당신을 도우러 올겁니다.

(3) "要"

① 의지상의 욕구, 예를 들면：

我要去图书馆。　　나는 도서관에 가고 싶다.

이런 경우의 부정은 "不想 (xiǎng)" 「……이 하고 싶지않다」을 쓴다.

② 사실상의 필요성 ……하지 않으면 안된다. 예를 들면：

念生词要注意声调。　　새로운 단어를 읽을 때에는, 성조에 주의하지 않으면 안된다.

이런 경우의 부정은, 통상 "不用 (yòng)"「……할 것까지는 없다」가 많이 쓰인다. 예를 들면：

你不用记这个生词。　　당신은 이 새로운 단어를 외우지 않아도 됩니다.

2. "要……了"

"要……了"의 구조는, 어떤 동작 또는 상황이 아주 가까운 장래에 발생하리라는 것을 나타낸다. "快要……了", "就要……了"라고도 말할 수 있다. 예를 들면：

要上课了，我们到教室里去吧。　　머지않아 수업이 시작됩니다. 우리들은 교실로 갑시다.
快下雨了，我们进去吧。　　비가 올 것 같으니, (안으로) 들어 갑시다.

夏天你就要毕业了吗？　여름에는 바로 졸업합니까？
新年快要到了。　　　새해는 이제 곧 돌아옵니다.

　주의：(1) 의문문으로 할 경우, 이와같은 문장에는 반복의문문(제7과)이나 선택의문문(제19과)을 사용하지 않는다.
　　　　(2) "快要……了", "快……了"의 앞에는 시간상황어를 사용할 수 없다.

3. 無主語文 (1)

　인간의 의지가 미치지 않는 자연현상은, 누군가 그렇게 했다는 식으로 동작주체를 확실히 지적할 수 없고, 무주어로 표현할 수 있다. 예를 들면：

下雪呢。　　　눈이 내리고 있습니다.
要刮风了。　　바람이 부는 것 같습니다.

五、练习　Liànxí　　연습문제

다음 문장을 중국어로 번역하시오.
1) 그녀는 중국어책을 읽을 수 있습니다.
2) 학생은 중국어로된 신문을 읽어야만 합니다.
3) 우리들은 도서관에서 담배를 피울 수 없습니다.
4) 수업이 끝나면, 나는 쇼핑하러 가고 싶습니다.
5) 나는 오늘 영화를 보러 가고 싶지 않습니다.
6) 그는 꼭 당신을 방문하러 옵니다.
　 당신이 그를 방문할 필요는 없습니다.

第十五课

一、词组和范句 Cízǔ hé fànjù　　※ 어구와 예문

(一)

1. 昨天　来　的　学生
   zuótiān　lái　de　xuésheng

2. 从　首都　来　的　学生
   cóng　shǒudū　lái　de　xuésheng

3. 来　得　早　的　人
   lái　de　zǎo　de　rén

4. 休息　的　时候
   xiūxi　de　shíhour

(二)

5. 他们　不　都　会　英文：有的　（人）　会，有的　（人）不
   Tāmen　bù　dōu　huì　yīngwén:　yǒude　(rén)　huì,　yǒude　(rén)　bú
   会。
   huì.

6. 我们　常常　去　图书馆，有（的）　时候　看　书，有（的）
   Wǒmen　chángcháng　qù　túshūguǎn,　yǒu(de)　shíhour　kàn　shū,　yǒu(de)
   时候　看　报。
   shíhour　kàn　bào.

（三）

7. 他 又 是 我 的 老师，又 是 我 的 朋友。
   Tā yòu shì wǒ de lǎoshī, yòu shì wǒ de péngyǒu.

8. 这个 同志 又 会 中文，又 会 英文。
   Zhège tóngzhì yòu huì zhōngwén, yòu huì yīngwén.

9. 他 写 汉字 写 得 又 快 又 整齐。
   Tā xiě hànzì xiě de yòu kuài yòu zhěngqí.

（四）

10. 老师 给 我们 分析 语法。
    Lǎoshī gěi wǒmen fēnxī yǔfǎ.

11. 我 朋友 给 我 买了 一本 画报。
    Wǒ péngyǒu gěi wǒ mǎile yìběn huàbào.

（五）

12. 因为 他们 很 努力，所以 学习 得 很 好。
    Yīnwèi tāmen hěn nǔlì, suǒyǐ xuéxí de hěn hǎo.

13. 因为 他 说 中文 说 得 比较 慢，所以 我们 都
    Yīnwèi tā shuō zhōngwén shuō de bǐjiào màn, suǒyǐ wǒmen dōu
    听 得 很 清楚。
    tīng de hěn qīngchǔ.

（六）

14. 为了 加强 中韩 两国 人民 的 友谊，我 要 帮助
    Wèile jiāqiáng ZhōngHán liǎngguó rénmín de yǒuyì, wǒ yào bāngzhù
    你们 学好 中文。
    nǐmen xuéhǎo zhōngwén.

15. 为了 提高 中文 水平，我们 班 的 同学 常常 交流
    Wèile tígāo zhōngwén shuǐpíng, wǒmen bān de tóngxué chángcháng jiāoliú
    学习 经验。
    xuéxí jīngyàn.

二、课文 Kèwén　　※ 본문

我们的学习生活

我们都是新来的学生，今年九月我们开始了新的学习生活。

我们学的专业是中文，为了加强日中两国人民的友谊，我们学好中文的决心都很大。

教我们中文的老师是中国人。他为了帮助我们克服学习上的困难，经常了解我们的学习情况。上课的时候，老师给同学们很多练习的机会。他还常常问我们问题。我们回答的时候有错误，老师就给我们改正。他

有时候还跟大家一起分析发生错误的原因。我们都喜欢这种上课的方法。

我们班史文的学习成绩很好。开始的时候,他学得不太好,但是他不怕困难,有不懂的地方,就问老师或者别的同学,所以他提高得很快。现在他的发音又清楚又正确。我们都应该学习史文学中文的好经验。

三、生词　Shēngcí　　새로나온 단어

1.	班	(名) bān	반, 클라스
2.	成绩	(名) chéngjì	성적
3.	大家	(代) dàjiā	여러 사람, 모든 사람
4.	地方	(名) dìfang	곳, 장소
5.	懂	(动) dǒng	알다, 이해하다
6.	发生	(动) fāshēng	발생하다
7.	改正	(动) gǎizhèng	개정하다, 고치다
8.	给	(动) gěi	주다
9.	给	(前) gěi	······에게, ······에 의해서, ······되어지다

10.	机会	(名)	jīhuì	기회, 찬스
11.	加强	(動)	jiāqiáng	강화하다
12.	交流	(動)	jiāoliú	교류하다
13.	经常	(形)	jīngcháng	항상, 늘
14.	经验	(名)	jīngyàn	경험
15.	决心	(名)	juéxīn	결심
16.	克服	(動)	kèfú	극복하다
17.	困难	(形)	kùnnàn	곤란하다
18.	了解	(動)	liǎojiě	이해하다, 알다
19.	怕	(動)	pà	두려워하다
20.	情况	(名)	qíngkuàng	상황
21.	日本	(名)	Rìběn	일본
22.	水平	(名)	shuǐpíng	수준, 정도
23.	提高	(動)	tígāo	높이다
24.	同志	(名)	tóngzhì	동지, ……씨(氏), ……군(君)처럼 이름 뒤에 붙여서 부르는데 사용함
25.	为(了)	(前)	wèi(le)	……을 위해서
26.	已经	(副)	yǐjīng	이미, 벌써
27.	因为…… 所以……		yīnwèi…… suǒyǐ……	……의(원인·이유)……때문에, 그래서……
28.	友谊	(名)	yǒuyì	우의
29.	又……又……		yòu……yòu……	……이기도 하고, (동시에) ……이기도 하다;……하고 (한편으로는)……하다
30.	原因	(名)	yuányīn	원인
31.	种	(量)	zhǒng	종류를 세는 양사
32.	专业	(名)	zhuānyè	전문(업무), 전공(학과)

四、语法　Yǔfǎ　　문법

1. 動詞, 動詞句, 主述句가 限定語로 되는 경우——構造助詞 "的"(3)

동사, 동사구조, 주술구조가 한정어로 쓰일 때에 그 뒤에는 반드시 구조조사 "的"가 있어야한다. 예: "参观的人", "学中文的学生", "我们上课的教室".

2. "有的"

"有的"는 한정어로 사용되면, 전체 중의 "일부분"을 나타낸다.
예를 들면:

有的人已经来了, 有的人还没有来.   어떤 사람은 이미 와있고, 어떤 사람은 아직 오지 않았다.

명사 앞에 "有的"을 붙이면 동사 뒤의 목적어로는 쓸 수가 없다. 그래서 "有的字我不会写"라고 할 수는 있지만, "我不会写有的字"라고는 할 수가 없다.

"有的" 뒤의 명사가 만약 윗글에 이미 서술되어 있다면, 그것을 생략할 수 있다. 예를 들면:

谢利买了不少书, 有的是中文的,   사리는 적지않게 책을 샀는데, 어느
有的是英文的.   것은 중국어로 된것이고, 어느것은 영어로 된것입니다.

시간을 나타내는 명사는, "时候"등 소수의 예외를 제외하고, 일반적으로 "有的"와 연용되지 않는다.:

老师常来我们宿舍辅导, 有的时候   선생님은 자주 우리들의 기숙사에 지
我们也去问老师.   도하러 오시지만, 어떤때는 우리들도 선생님에게 질문하러 갑니다.

"有的人", "有的时候"는, "有人", "有时候" 와 같이 "的"을 생략할 수가 있다.

3. "又……又……"

"又……又……"는 병렬한 동사구조나 또는 형용사구조가 결합되어 두 가지의 상황 혹은 특성이 동시에 존재함을 강조한다. 예를 들면:

这一课又有汉字练习，又有翻译练习。　　이과에는 한자연습도 있는가 하면, 번역연습도 있습니다.

他念课文念得又流利又正确。　　그는 본문을 읽는 방법이 유창하기도 하고, 또 정확하기도 하다.

　　주의 : "又"는 부사이기 때문에, 명사앞에 직접 놓을 수는 없다.

4． 方位，場所를 나타내는 "上"의 抽象的 意味

　　명사의 뒤에 붙은 "上"은 그 명사의 의미를 확대하는 경우가 있다. "会上"은 회의의 과정을 나타내고, "天上"은 하늘을 나타낸다. "学习上", "语法上"은 각각 "학습면에서", "문법방면에"라는 뜻을 나타낸다. 예를 들면 :

他学习上的困难不多。　　그는 학습면에서의 어려움이 많지않습니다.
我工作上没经验。　　나는 작업방면에 경험이 없습니다.

五、练习　Liànxí　　연습문제

　　다음 문장을 중국어로 번역하시오.
1) 당신들이 수업을 받는 교실은 어디입니까?
2) 토요일 오후, 어떤 클라스(반)는 견학을 가고, 어떤 반은 영화를 보러 갑니다.
3) 그의 책꽂이에는 중국어책도 있고, 영어책도 있다.
4) 오늘은 날씨가 좋다. 바람도 불지않고 비도 내리지 않는다.
5) 당신에게 어떤 문법상의 문제에 대하여 물어보고 싶습니다.
6) 그는 항상 중국어를 말하는 연습을 하기 때문에, 중국어 수준의 향상이 매우 빠르다.
7) 우리들이 중국어를 공부하는 것을 도와주기 위해서, 선생님은 우리들에게 중국어로 말하는 기회를 많이 부여해 주십니다.

第十六课

一、范句　Fànjù　※ 예문

(一)

1. 这本 画报 他 看完 了。
   Zhèběn huàbào tā kànwán le.

2. 那个 问题 我 回答对 了。
   Nàge wèntí wǒ huídáduì le.

3. 我 听见 他 在 楼上 大声 地 念 课文。
   Wǒ tīngjiàn tā zài lóushàng dàshēngr de niàn kèwén.

(二)

4. 你 看见 田忠 了 没有？
   Nǐ kànjiàn Tiánzhōng le méiyǒu?

   （我）没有（看见）他。
   (Wǒ) méiyǒu (kànjiàn) tā.

   （我）没(有) 看见（他）。
   (Wǒ) méi(yǒu) kànjiàn (tā).

5. 他 看完了 这本 画报 没有？
   Tā kànwánle zhèběn huàbào méiyǒu?

6. 中文 报 你们 现在 能 不 能 看懂？
   Zhōngwén bào nǐmen xiànzài néng bù néng kàndǒng?

(三)

7. 课文 讲完 了，语法 还 没 讲 呢。
   Kèwén jiǎngwán le, yǔfǎ hái méi jiǎng ne.

8. 报 每天 几点钟 送来？
   Bào měitiān jǐdiǎnzhōng sònglái?

(四)

9. 我 说："这个 问题 我 没 听清楚，你 再 给 我
   Wǒ shuō: "Zhège wèntí wǒ méi tīngqīngchǔ, nǐ zài gěi wǒ
   讲 一遍 吧。" 他 就 又 讲了 一遍。
   jiǎng yībiàn ba." Tā jiù yòu jiǎngle yībiàn.

(五)

10. 昨天 的 课文，我 念了 五遍 就 念熟 了。
    Zuótiān de kèwén, wǒ niànle wǔbiàn jiù niànshú le.

11. 昨天 的 课文，我 念了 五遍 才 念熟。
    Zuótiān de kèwén, wǒ niànle wǔbiàn cái niànshú.

(六)

12. 今天 晚上 要是 有 时间，我 就 去 找 你。
    Jīntiān wǎnshàng yàoshi yǒu shíjiān, wǒ jiù qù zhǎo nǐ.

13. 明天 要是 下 雨，我们 就 不 去 了。
    Míngtiān yàoshi xià yǔ, wǒmen jiù bú qù le.

(七)

14. 这课 课文 虽然 很 长，但是 不 太 难。
    Zhèkè kèwén suīrán hěn cháng, dànshì bú tài nán.

15. 虽然 我们 说 中文 说 得 比较 流利，但是 有
    Suīrán wǒmen shuō zhōngwén shuō de bǐjiào liúlì, dànshì yǒu

时候 还 有 一些 语法 错误。
shíhòur hái yǒu yìxiē yǔfǎ cuòwù.

二、课文 Kèwén　　※ 본문

辅　导

今天 下午 我 去 教室 的 时候，看见 田惠 在 前边 走，就 叫 他："田惠，田惠！"但是 他 没 听见。我 又 大声 地 叫，他 才 听见。他 说，他 也 要 去 教室。

三点钟 老师 来 了，他 问 我："今天 讲 的 课 你 都 听懂 了 吗？"我 说："课文 懂 了，语法 没 听清楚，老师 再 讲 一遍 吧。"老师 又 讲了 一遍，我 才 懂 了。讲完 了，老师 问 我 问题。有的 问题 我 回答错 了，老师 说："课文 你 念 得 不 太 熟，还 要 再 练习。"

我 问 老师："为什么 学 的 汉字 我 不 能 都 记住?" 老师 说:"记 汉字 要 多 练习, 特别 难 的 一定 要 多 写 几遍。要是 写得 太 少, 就 容易 忘。"最后 老师 说:"要 想 学好 中文，必须 自己 努力；还 应该 注意 学习 方法，互相 交流 经验。"

三、生词　Shēngcí　　새로나온 단어

1. 必须　　　（助動）bìxū　　반드시 ……해야 한다
2. 遍　　　　（量）biàn　　어떤 동작의 처음에서 끝날 때까지를 1회로 해서 회수를 세는 양사
　　　　　　　　→제20과 어법 2
3. 才　　　　（副）cái　　겨우, 비로소; ……하여 비로소
4. 错　　　　（形）cuò　　착오, 잘못되다
5. 大声　　　（名）dàshēngr　　큰소리; (상황어로서 쓰임)큰 소리로
6. 地　　　　（助）de　　상황어로 접속한다
7. 互相　　　（副）hùxiāng　　서로
8. 记住　　　　　jìzhù　　기억하다 →제25과 어법 5
9. 见　　　　（動）jiàn　　보다, ("看, 听" 등의 보어에 쓰여서……한 결과)보이다, 들리다 등의 뜻을 나타냄
10. 讲　　　　（動）jiǎng　　설명하다, 말하다

11.	叫	(動)	jiào	부르다
12.	叫	(動)	jiào	……로 하여금……하게 하다→제18과 c
13.	忙	(形)	máng	바쁘다
14.	时间	(名)	shíjiān	시간
15.	送	(動)	sòng	보내다
16.	虽然……		suīrán……	……이라 할지라도, 그러나……
	但是……		dànshì……	
17.	特别	(形)	tèbié	특별히
18.	完	(動)	wán	끝내다, 완성하다
19.	忘	(動)	wàng	잊다
20.	为什么		wèishénme	무엇때문에, 왜
21.	想	(動, 助動)	xiǎng	생각하다
22.	要是……		yàoshì……	만약……라면
	就……		jiù……	→제26과 어법 3
23.	音乐	(名)	yīnyuè	음악
24.	再	(副)	zài	다시
25.	字	(名)	zì	글자
26.	字典	(名)	zìdiǎn〔本〕	사전
27.	自己	(代)	zìjǐ	자기, 자신
28.	走	(動)	zǒu	걷다, 가다
29.	最后	(名)	zuìhòu	최후, 마지막

四、语法 Yǔfǎ　　문법

1. 結果補語(1) "完, 对, 懂, 清楚, 见" 등

　　동작의 결과를 설명하는 보어를 결과보어라고 한다. 예를 들면 "写清楚"「쓴 결과 확실해졌다→확실하게 쓰다」안에 "写"는 하나의 동작을 나타내지만 "清"은 이 동작의 결과를 나타낸다. 이와같이, "看"이나 "听"만으로는 단순히 동작을 나타내고 있을뿐이지만, 결과보어 "-见"과 결합해서 "看见", "听见"이 되면,「본 결과 보아냈다」,「들은 결과 들어냈다」즉 "看"이나 "听"

의 결과가 이루어졌다는 뜻을 나타낸다. 다음의 예를 비교해 보면：

我看了，但是没看见。　　나는 보았습니다만, 그러나 보이지 않았습니다.
他听音乐。　　　　　　　그는 음악을 듣는다.
我听见外边下雨了。　　　나는 밖에서 비가 내리는 것을 들었습니다.

　동일한 동작이 다른 결과가 되기도 하고 ("写完" 쓰기를 끝내다, "写清楚" 확실히 쓰다, "写整齐" 가지런히 쓰다), 다른 동작이 동일한 결과가 되기도 한다 ("写完" 쓰기를 마치다, "看完" 다읽다, "作完" 다 마치다).
　이상과 같이 결과보어는, 조사 "得"를 사용하지 않고, 직접적으로 동사뒤에 놓인다. 결과보어에는 동사나 형용사가 사용된다.

2. 結果補語를 수반하는 動詞의 否定

　결과를 나타내는 동보구조는 용법상에 있어서 하나의 동사에 상당한다. 그 뒤에는 목적어를 가질 수 있고, 접미어 "了"를 가질 수도 있다. 부정형에는 일반적으로 "没有"를 쓴다. 예를 들면：

你看完了那本杂志没有？　　당신은 저 잡지를 다 보았습니까？
没（有）看完。　　　　　　다 보지 않았습니다.

3. 意味上의 被動

　현대 중국어에서 주어는 "我买书", "他看报"에서처럼, 주어는 보통 일을 베푸는 주체자이다. 어떤 때는 주어가 일을 당하는 자가 되기도 한다. 일부는 주어가 일을 당하는 입장의 문이 있다. 술어는 형식상에는 주어가 일을 베푸는 입장의 문과 구별할 수는 없으나 수동의 뜻은 아주 뚜렷하다. 예를들면：

你要的字典买来了。　　　　당신이 가지고 싶어하던 사전을 사왔습니다.
练习作完了，你再念念课文吧。　연습을 다 마치면, 당신은 다시 본문을
　　　　　　　　　　　　　　　한번 읽어 보십시오.

4. 副詞 "再"와 "又"

　부사 "再"와 "又"는 모두 사건이나 행위의 중복이나 혹은 계속을 나타낸

다. 양자의 구별은 "又"는 이미 이루어진 것을 나타내고, "再"는 아직 이루어지지 않은 것을 나타낸다. 비교해 보면 :

老师叫我再念一遍，我就又念了一遍。　　선생님이 나에게 다시한번 더 읽도록 시켜서, 나는 한번 더 읽었습니다.

他昨天来了，今天又来了，他说明天还要再来。　　그는 어제 왔습니다, 오늘도 또 왔습니다, 그는 내일 한번 더 온다고 말합니다.

중복이나 계속이 아닌 과거의 상황이나 행위를 나타내는 경우에는 "再"만을 쓸 수가 있다. 비교해 보면 :

他昨天没来，今天又没来。　　그는 어제 오지 않았습니다. 오늘도 또 오지 않았습니다. ("没来"라는 상황이 반복되어 있다.)

他上星期来了，以后没(有)再来。　　그는 지난주 왔습니다만, 그후로 두번다시 오지않습니다. ("来"라는 행위가 반복되고 있지 않다.)

주의 : "没(有)再来"는 "再没来"라고도 말할 수 있으나, "又没来"는 "没又来"라고 말할 수는 없다.

"又"는 때로는 아직 이루어지지 않은 것을 가리킬 수도 있으나, 대부분이 동사 혹은 조동사 "是, 要, 该, 可以" 등의 앞에 오며, 동시에 문장끝에 어기조사 "了"를 동반한다. 예를 들면 :

明天又是星期三了。　　내일은 또 수요일입니다.
天气暖和了，我们又可以在外边学习了。　　날씨가 따뜻해졌습니다, 우리들은 다시 밖에서 공부할 수 있게 되었습니다.

5. 副詞 "就"와 "才"

　　부사 "就"와 "才"는 상반된 뜻을 가지고 있다. "就"는 말하는 사람이 **수량**이 적다든가, 시간이 이르다든가 라는 뜻으로 시간이 빠른 것이나, 일의 발생이 빠르다고 생각하고 있음을 나타낸다. "才"의 뜻은 「(……할때에)겨우, (……하여) 처음으로」라는 뜻이며, "就"와는 정반대의 느낌을 나타낸다. 비교해 보면:

这课课文我看了两遍就看懂了, 那课课文我看了三遍才看懂。	이 과의 본문은 내가 두번 읽어서 곧 이해했습니다만, 그 과의 본문은 나는 세번 읽어서야 겨우 이해했습니다.
他七点钟就来了。	그는 7시에는 벌써 왔습니다.
他七点钟才来。	그는 7시에 겨우 왔습니다.
教室里就有他一个人。	교실안에는 다만 그이 한사람만 있습니다.

6. 語気助詞 "吧"

　　어기조사 "吧"는 문장 끝에 쓰여서 의논하거나 또는 동의를 구하는 어기를 나타낸다.

我们去图书馆吧。	우리들은 도서관에 갈까요. (제안)
好吧。	좋지요. (동의)
你们现在很忙吧。	당신들은 지금 매우 바쁘시지요. (추량)

7. 修飾語 뒤의 "的"과 "地"

　　수식어 뒤의 "de"는 문자상 두가지로 달라진다. 한정어(형용사성수식어)의 뒤에는 "的"를 쓰고, 상황어(부사성수식어)의 뒤에는 "地"라고 쓴다. 비교해 보면:

休息的地方	휴식장소	大声地念	큰소리로 읽다
我们的学校	우리들의 학교	注意地听	주의해서 듣다

五、练习 Liànxí   연습문제

다음 문장을 중국어로 번역하시오.
1) 이 책은 나는 아직 다 읽지 않았습니다.
2) 들어봐요, 김일씨가 당신을 부르고 있어요. 들었습니까?
3) 내가 말한 중국어를 당신은 이해합니까? 만약 이해하지 못했다면 다시 한번 말하겠습니다.
4) 2천어의 단어를 마스터하여, 처음으로 중국어 신문을 이해할 수가 있었습니다.
5) 그는 다음주 일요일에는 중국에 간다고 합니다.
6) 우리들이 공부한 시간은 짧지만, 그러나 이미 많은 것을 배웠습니다.
7) 나는 어제 다시한번 그 영화를 보았습니다.

第十七课

一、范句　Fànjù　※ 예문

（一）

1. 上星期日　晚上　八点钟　他　才　回到　学校。
　 Shàngxīngqīrì　wǎnshàng　bādiǎnzhōng　tā　cái　huídào　xuéxiào.

2. 每天　晚上　我　都　学习到　十点半。
　 Měitiān　wǎnshàng　wǒ　dōu　xuéxídào　shídiǎnbàn.

（二）

3. 那本　字典　我　放在　桌子上　了。
　 Nàběn　zìdiǎn　wǒ　fàngzài　zhuōzishàng　le.

4. 这些　句子　我　都　写在　本子上　了。
　 Zhèxiē　jùzi　wǒ　dōu　xiězài　běnzishàng　le.

（三）

5. 你　一定　能　回答　这个　问题，（你）再　想想。
　 Nǐ　yídìng　néng　huídá　zhègè　wèntí,　(nǐ)　zài　xiǎngxiǎng.

6. 史文　有　很　多　学习　经验，应该　给　大家　介绍介绍。
　 Shǐwén　yǒu　hěn　duō　xuéxí　jīngyàn,　yīnggāi　gěi　dàjiā　jièshàojièshào.

7. 那课　语法　我　没　听懂，老师　又　给　我　讲了讲。
　 Nàkè　yǔfǎ　wǒ　méi　tīngdǒng,　lǎoshī　yòu　gěi　wǒ　jiǎnglejiǎng.

（四）

8. 我　看见　他　从　工厂　回来　了。
　 Wǒ　kànjiàn　tā　cóng　gōngchǎng　huílái　le.

9. 他 告诉 我 电影 《红色 娘子军》的 内容 很 好。
   Tā gàosù wǒ diànyǐng 《Hóngsè Niángzǐjūn》de nèiróng hěn hǎo.

10. 我 希望 我们 两国 人民 互相 学习，互相 帮助，
    Wǒ xīwàng wǒmen liǎngguó rénmín hùxiāng xuéxí, hùxiāng bāngzhù,
    加强 友谊。
    jiāqiáng yǒuyì.

(五)

11. 昨天 的 学习 经验 交流 会 对 我们 有 很 大
    Zuótiān de xuéxí jīngyàn jiāoliú huì duì wǒmen yǒu hěn dà
    的 帮助。
    de bāngzhù.

12. 史文 的 学习 经验 对 我们 的 帮助 很 大。
    Shǐwén de xuéxí jīngyàn duì wǒmen de bāngzhù hěn dà.

二、课文 Kèwén   ※ 본문

在张老师家

星期日 晚上，我 遇见了 张 老师。他 说："去 我 家 玩儿玩儿 吧。"我 就 去 了。

走到 他 家，张 老师 请 我 坐下。对 我 说："我们 练习 用 中文 谈话，好 不 好？"

我说："好。"

桌子上有一本中国画报,我看了看,里边有一些人民公社的照片。我就请张老师给我讲讲人民公社。他坐在我旁边说,他家就在一个公社里,他给我介绍了那里的情况,还谈到中国学生常常到人民公社去参加劳动。他讲得很慢,很清楚,我都听懂了。

张老师也问了一些我国的情况。我给他简单地介绍了一点儿我国的历史,还讲了一个我国人民反对外国侵略的故事。张老师听了很高兴,说："你们的人民是勤劳勇敢的人民,我们两国人民要互相学习,

互相 帮助。"

我们 又 谈了谈 学习 问题。张 老师 告诉 我:"中文 不 难,只要 努力 学习,不 怕 困难,多 练习,多 实践,就 能 学好。"

我 说:"我 一定 要 克服 困难,学好 中文。"

我们 谈到 九点半。我 走 的 时候,张 老师 说:"希望 你 以后 常常 来 玩儿。"

三、生词 Shēngcí　　새로나온 단어

1. 参加　　　(動) cānjiā　　　참가하다
2. 查　　　　(動) chá　　　　(사전 등에서) 찾다
3. 对　　　　(前) duì　　　　……에 대해, ……에 대하여
4. 反对　　　(動) fǎnduì　　　반대하다
5. 放　　　　(動) fàng　　　　놓다
6. 高兴　　　(形) gāoxìng　　 즐겁다
7. 故事　　　(名) gùshi　　　 이야기, 옛날이야기
8. 红色娘子军　　Hóngsè Niángzǐjūn　　홍색낭자군, 적군여성중대

9.	话	(名)	huà	말
10.	回	(動)	huí	돌아가(오)다
11.	家	(名)	jiā	집, 가정
12.	简单	(形)	jiǎndān	간단하다
13.	介绍	(動)	jièshào	소개하다
14.	觉得	(動)	juéde	……라고 느끼다, ……라고 깨닫다
15.	劳动	(動)	láodòng	노동하다
16.	内容	(名)	nèiróng	내용
17.	侵略	(動)	qīnlüè	침략하다
18.	勤劳	(形)	qínláo	부지런히 일함, 근면한
19.	请	(動)	qǐng	청컨대 ……하십시오, →제18과 어법 2
20.	上海	(名)	Shànghǎi	상해
21.	实践	(動)	shíjiàn	실천하다
22.	谈	(動)	tán	말하다
23.	玩儿	(動)	wánr	놀다
24.	希望	(動)	xīwàng	희망하다
25.	勇敢	(形)	yǒnggǎn	용감한
26.	用	(動)	yòng	쓰다
27.	遇见		yùjiàn	우연히 만나다
28.	照片	(名)	zhàopiàn〔张〕	사진
29.	知道	(動)	zhīdào	알다
30.	只	(副)	zhǐ	단지, 오직, 다만
31.	只要…… 就……		zhǐyào…… jiù……	……하기만 하면(그 경우는)… …
32.	坐	(動)	zuò	앉다, (차를)타다

四、语法 Yǔfǎ 문법

1. 結果補語 (2) "到"

동사 "到"는 결과보어로 쓰이면 방향을 나타낸다.

예를 들면 :

他们从上海回到了北京。	그들은 상해에서 북경으로 되돌아갔습니다.
老师讲到第十七课。	선생님은 제17과까지 설명했습니다.
昨天我们还谈到学习问题。	어제 우리들은 그 외에 학습문제까지 이야기했습니다.

또, 때로는 동작이 목적을 달성했다든지 혹은 결과가 있었음을 나타낸다. 예를 들면 :

| 我在字典上查到那个汉字了。 | 나는 사전에서 그 한자를 찾았습니다. |
| 你买到那本书没有？ | 당신은 그책을(사서) 구입했습니까？ |

2. 結果補語 (3) "在"

동사 "在"는 결과보어로 쓰이면, 뒤에 반드시 장소를 나타내는 어구를 붙여야 한다. 예를 들면 :

我家住在北京。	나의 집은 북경에 있습니다.
他坐在椅子上。	그는 의자 위에 앉아있습니다. ("坐在椅子"라고는 말할 수 없다.)
那本书我放在他那儿了。	저 책은 나는 그가 있는곳에 놓아두었습니다. ("放在他了"라고는 말할 수 없다.)

3. 動詞의 重疊

일부 동사는 중첩할 수 있는데, 중첩한 부분은 경성으로 읽는다. 쌍음절동사가 중첩되면 두번째 음절이 경성이 된다.

예 : "看看 kànkån", "想想 xiǎngxiǎng", "写写 xiěxiě", "讨论讨论 tǎolǔntåolǔn",. "介绍介绍 jièshåojièshåo".

동사의 중첩은 대체로 다음 몇가지의 뜻을 나타낸다.

(1) 동작이 지속되는 시간이 짧은 경우. 예를 들면 :

| 我们到外边走走。 | (우리들은)좀 밖에 나가서 걸어봅시다. |
| 我想想再告诉你。 | (나는)조금 생각한 다음 당신에게 말하겠습니다. |

(2) 동작이 몇 번 중복되는 경우. 예를 들면:

这些句子不太容易，我要多复习复习。　　이 문장들은 그다지 쉽지 않습니다, 나는 더욱 더 복습해야만 됩니다.

(3) 시험삼아 하는 동작인 경우. 예를 들면:

我说说，你看对不对。　　내가 말해보겠습니다. 당신 보기에 맞았는지 어쩐지.

주의:(1) 단음절동사가 중첩할 때에는 그 가운데 "一"를 붙여도 좋지만, 쌍음절 동사의 경우에는 붙이지 않는다. 예를 들면:

星期日我要去看一看我的中国朋友。　　일요일에 나는 중국인 친구를 좀 만나러 가고 싶다.

(2) 동사의 어미 "了"는 중첩된 동사의 중간에 두어야 한다.
예를 들면:

昨天我跟老师谈了谈我们的学习问题。　　어제 나는 선생님께 우리들의 학습문제에 대하여 조금 이야기를 했습니다.

그러나 쌍음절동사에서 이와같은 형식을 쓰는 것은 매우 드물다.
(3) 만약 동사 뒤에 목적어가 있으면 동사부분만 중첩한다.
예: "讲讲故事", "看了看报", "复习复习课文".

4. 主述句가 目的語로 되는 경우

주술구도 목적어로 될 수 있다. 예를 들면:

我希望你跟我一起去。　　나는, 당신이 나와 함께 가는것을 희망합니다.

我觉得他说中文说得非常好。　　나는, 그의 중국어 말솜씨가 매우 좋다고 생각합니다.

你知道不知道阿里在哪儿？　　당신은, 아리가 어디 있는지를 알고 있습니까?

五、练习　Liànxí　　연습문제

다음 문장을 중국어로 번역하시오.
1) 수업시간에 나는 그의 앞에 앉습니다.
2) 어젯밤 나는 9시까지 친구와 이야기하고, 10시반에 겨우 집에 돌아왔습니다.
3) 선생님이 강의하신 내용을 나는 모두 공책에 써놓았습니다.
4) 이 문장은 어떻게 분석해야만 하는지 당신은 알고 있습니까?
5) 오후에 도서관에 가서 잠깐 책을 읽어보자.
6) 나는 기숙사에서 그를 찾아내지 못하고, 도서관에서 찾아 냈습니다.
7) 좀 써 보세요, 이 한자는 어려워요.

第十八课

一、词组和范句　Cízǔ hé fànjù　※ 어구와 예문

(一)

1. 进来　　　　　进去
   jìnlái　　　　　jìnqù

2. 出来　　　　　出去
   chūlái　　　　　chūqù

3. 上来　　　　　上去
   shànglái　　　　shàngqù

4. 下来　　　　　下去
   xiàlái　　　　　xiàqù

5. 回来　　　　　回去
   huílái　　　　　huíqù

6. 拿来　　　　　拿去
   nálái　　　　　náqù

7. 带来　　　　　带去
   dàilái　　　　　dàiqù

8. 到　北京　来
   dào Běijīng lái

9. 到　上海　去
   dào Shànghǎi qù

(二)

10. 他 已经 回去 了。
    Tā yǐjīng huíqù lě.

11. 请 大家 都 进来 吧。
    Qǐng dàjiā dōu jìnlǎi bå.

12. 下了 课 他 回 家 去 了。
    Xiàlě kè tā huí jiā qù lě.

13. 同学们 都 上 楼 来 了 吗?
    Tóngxuémén dōu shàng lóu lái lě må?

14. 我 要 去 宿舍 拿 一枝 钢笔 来。
    Wǒ yào qù sùshè ná yìzhī gāngbǐ lǎi.

(三)

15. 他 昨天 拿来了 很 多 照片。
    Tā zuótiān nálǎilě hěn duō zhàopiàn.

16. 她 去 上 课 的 时候 带去了 一本 字典。
    Tā qù shàng kè dě shíhòur dàiqǔ lě yìběn zìdiǎn.

(四)

17. 我 请 他 跟 我 一起 去 参观 中国 工业 展览会。
    Wǒ qǐng tā gēn wǒ yìqǐ qù cānguān Zhōngguó gōngyè zhǎnlǎnhuì.

18. 田忠 叫 我 给 他 介绍介绍 那个 电影。
    Tiánzhōng jiào wǒ gěi tā jièshǎojièshǎo nàgě diànyǐng.

二、课文　Kèwén　　※ 본문

参加电影招待会

上星期六晚上，我和两个朋友到中国大使馆去参加电影招待会。我是第二次参加这样的招待会。

招待会八点半开始。那天天气很好。吃了晚饭，我们就去中国大使馆了。我们一边走，一边谈话。一个从中国回来的朋友，谈到了一些他看中国电影的感想。八点二十，我们到了大使馆。

大使馆的同志看见我们进来了，就来欢迎我们，跟我们握手。一个同志带我们上楼去。走进电影厅，里边已经有不少人了。他让我们坐下，热情招待我们。一会儿电影就开始了。

我们看的电影叫《红色娘子军》。故事很有意思。音乐、舞蹈、色彩我都很喜欢。看完电影离开大使馆的时候,我们对中国同志说谢谢他们。他们说欢迎我们下次再来。

从大使馆出来,我们一边走一边谈看了电影的感想,都说希望以后还能有这样的机会。

三、生词 Shēngcí 새로나온 단어

1. 次　　　　（量）cì　　　　…차례(동작의 회수를 세는)
2. 大使　　　（名）dàshǐ　　대사
3. 带　　　　（动）dài　　　휴대하다, 대동하다
4. 感想　　　（名）gǎnxiǎng　감상, 생각
5. 工业　　　（名）gōngyè　　공업
6. 欢迎　　　（动）huānyíng　환영하다
7. 借　　　　（动）jiè　　　　빌리다
8. 离开　　　（动）líkāi　　헤어지다, 떠나다
9. 拿　　　　（动）ná　　　가지다, 들다
10. 让　　　　（动）ràng　　……로 하여금……하게 하다
11. 热情　　　（形）rèqíng　　열렬한
12. 色彩　　　（名）sècǎi　　색채
13. 上　　　　（动）shàng　　오르다
14. 手　　　　（名）shǒu〔只〕손
15. ……厅　　　……tīng　　　호-올

16.	握(手)	(動)	wò(shǒu)	(손을) 쥐다, 악수하다
17.	舞蹈	(名)	wǔdǎo	춤, 무도
18.	下	(動)	xià	내려 (가다, 오다)
19.	谢谢	(動)	xièxiě	감사합니다, 고맙다
20.	一边……		yìbiānr……	……하면서 (동시에)……하다
	一边……		yìbiānr……	
21.	一会儿		yìhuǐr	잠시
22.	意思	(名)	yìsi	의미, 재미
23.	有意思		yǒuyìsi	재미있다
24.	招待	(動)	zhāodài	대접하다
25.	这样	(代)	zhèyàng	이런, 이렇게

四、语法 Yǔfǎ   문법

1. 单純方向補語(1)

동사 "来"와 "去"도 자주 동사 뒤에 위치하여 보어가 된다. 이런 보어는 동작의 방향을 설명하는 것이며, 단순방향보어라고 부른다. 만약 동작이 말하는 사람을 향하여 (혹은 사물에 대해서 말할 때나) 진행할 때는 "来"를 쓰고, 만약 동작이 말하는 사람 (혹은 사물에 대하여 말할 때나)의 반대의 방향을 향하여 진행될 때에는 "去"를 쓴다. 예를 들면:

张老师进去了。　　장선생님이 들어갔습니다. (화자는 밖에 있다)
张老师进来了。　　장선생님이 들어왔습니다. (화자는 안에 있다)

방향보어를 가진 동사에 목적어가 붙는 경우에는, 그 목적어를 일반적으로 동사와 보어 사이에 둔다. 예를 들면:

他上楼来了。　　　　그는 2층에 올라왔습니다.
同学们回宿舍去了。　　클라스 메이트들은 기숙사로 돌아갔습니다.
你去拿一把椅子来吧。　(당신은) 의자를 하나 가지고 오십시오.

다음 두가지 주의할 점이 있다.

(1) 만약 동작이 이미 완료되어 목적어가 나타내는 사물이 동작의 영향으로 위치를 이동하게 될 때는 목적어를 보어의 뒤에 놓을 수도 있다. 예를 들면 :

他从中国带来了一架收音机。   그는 중국에서 라디오를 한대 가지고 왔습니다.

(2) 방위나 장소를 나타내는 목적어는 보어의 뒤에 놓을 수 없다. "他上来楼了." "同学们回去宿舍了."라고는 말할 수 없다.

2. 兼語式動詞文

어떤 종류의 동사술어문은 두 개의 주술구조를 가지는데 앞의 주술구조의 목적어가 뒤의 주술구조의 주어를 겸하는 경우가 있는데, 이와같은 문장을 겸어식이라고 한다. 예를 들면 :

他叫我给他借一本书。   그는 (자신을 위하여) 책을 한권 빌리도록 나에게 시켰습니다.

老师让我告诉大家,   선생님은 나에게, 밤에 제18과를 예습하는 것을,
晚上预习第十八课。   모두에게 알리도록 시켰습니다.

五、练习 Liànxí   연습문제

다음 문장을 중국어로 번역하시오.
1) 선생님이 교실에 들어 오셨습니다.
2) 나의 친구는 이달에 중국으로 갑니다.
3) 그는 친구에게서 중국화보를 두권 가지고 왔습니다.
4) 우리들은 저 교실에서 의자를 2개 운반해와야 합니다.
5) 확실하게 듣지 못했습니다. 다시한번 말씀해 주십시오.
6) 그는 오늘 아침 당신에게 왔습니까?
7) 박철군에게 중국어잡지를 가지고 와주도록, 나는 그 클라스 메이트에게 부탁했습니다.

第十九课

一、范句　Fànjù　※ 예문

(一)

1. 他（是）昨天来的。
   Tā (shì) zuótiān lái de.

2. 他（是）跟他朋友一起来的。
   Tā (shì) gēn tā péngyou yìqǐ lái de.

3. 我们（是）星期六看的电影。
   Wǒmen (shì) xīngqīliù kàn de diànyǐng.

4. 我（是）从图书馆借的字典。
   Wǒ (shì) cóng túshūguǎn jiè de zìdiǎn.

5. 她不是跟工人代表团一起到中国去的。
   Tā bú shì gēn gōngrén dàibiǎotuán yìqǐ dào Zhōngguó qù de.

6. 他不是昨天进的城。
   Tā bú shì zuótiān jìn de chéng.

(二)

7. 今天下午我们是不是去看电影？
   Jīntiān xiàwǔ wǒmen shì bú shì qù kàn diànyǐng?

8. 你还没给他打电话呢，是不是？
   Nǐ hái méi gěi tā dǎ diànhuà ne, shì bú shì?

(三)

9. 你 在 中国 的 时候,不 是 参观了 很 多 地方
   Nǐ zài Zhōngguó de shíhòur, bú shì cānguānle hěn duō dìfāng
   吗? 你 给 我们 介绍介绍, 怎么样?
   ma? Nǐ gěi wǒmen jièshǎojièshǎo, zěnmeyàng?

10. 外边 不 是 很 暖和 吗? 我们 到 外边 去 走走,
    Wàibiānr bú shì hěn nuǎnhuo ma? Wǒmen dào wàibiānr qù zǒuzou,
    好 不 好?
    hǎo bù hǎo?

(四)

11. 他们 坐 汽车 进 城 了。
    Tāmen zuò qìchē jìn chéng le.

12. 老师 用 中文 问 我们 问题,我们 也 用 中文 回
    Lǎoshī yòng zhōngwén wèn wǒmen wèntí, wǒmen yě yòng zhōngwén huí
    答。
    dá.

(五)

13. 这 句 话 用 中文 怎么 说?
    Zhè jù huà yòng zhōngwén zěnme shuō?

14. 他 今天 怎么 没 来 办 公?
    Tā jīntiān zěnme méi lái bàn gōng?

二、课文 Kèwén   ※본문

遇见老朋友

昨天 参观 机器 制造厂 的 时候,

我遇见了衫田。看见他，我非常高兴，就说：

"衫田，你好！没想到在这儿遇见你了。"

"啊！你不是高平吗？你也到中国来了！"

"是啊！你什么时候来的？"

"我是九月二十五号到的上海，昨天到的北京。你是来学习中文的吗？"

"对了。我是去年十二月来的。你已经毕业了吧？是不是已经参加工作了？"

"我是去年夏天毕业的，秋天参加的工作。这次我是跟科学代表团一起来的。我是翻译。"

"你们是怎么来的？坐火车来的吗？"

"不,坐飞机来的。我们是来参加中华人民共和国国庆活动的。你今天也是来参观工厂的吗?"

"是啊!没想到参观工厂的时候遇见了老朋友,我太高兴了!你现在很忙吧?以后有时间一定要去我们学校玩儿玩儿。"

"好,我一定去!我去的时候先给你打个电话。"

"好极了!我的电话号码是八九,零七四三。"

"好,再见!"

"再见!"

三、生词　Shēngcí　　　새로나온 단어

1. 啊　　　　　　（嘆,助）à　　　아아(감탄사); 활발한 어기를 나타내는 어기조사
2. 打电话　　　　　　dǎ diànhuà　　　전화를 걸다
3. 代表　　　　　（動,名）dàibiǎo　　　대표(하다)

4. 代表团	(名)	dàibiǎotuán	대표단
5. 电话	(名)	diànhuà	전화
6. 飞机	(名)	fēijī〔架〕	비행기
7. (还是)……还是……		(háishì)……háishì……	……이냐, 아니면……이냐
8. 号	(名)	hào	호, 번 순서 또는 등급을 나타냄
9. 号码	(名)	hàomǎr	번호
10. 还	(動)	huán	반환하다
11. 活动	(名)	huódòng	활동
12. 火车	(名)	huǒchē〔列〕	기차
13. ……极了		……jíle	(형용사의 뒤에 와서 그 정도가) 아주, 대단히, 매우……라고 말할 경우
14. 句	(量)	jù	말이나 문장을 세는 양사
15. 科学	(名)	kēxué	과학
16. 老	(形)	lǎo	오래된, 나이가 많다
17. 汽车	(名)	qìchē〔辆〕	자동차
18. ……团		……tuán	……단
19. 再见		zàijiàn	안녕히, 또 만납시다
20. 怎么	(代)	zěnme	어떻게, 왜, 어떤 방법으로
21. 中华人民共和国		Zhōnghuá Rénmín Gònghéguó	중화인민공화국

四、语法 Yǔfǎ   문법

1. 動作의 方法, 時間, 場所를 強調하는 "是……的"

만약에 이미 발생한 동작의 방식, 시간, 지점 등을 강조하려면 곧 "是……的"의 구조를 쓰고, "是"는 생략할 수 있다. 만약 목적어가 있으면 동사의 뒤, "的"의 앞에 놓을 수도 있고, "的"의 뒤에 놓을 수도 있다.

예를 들면:

他（是）坐飞机来的。　　　그는 비행기를 타고 왔습니다.
你（是）在哪儿学的中文？　당신은 어디에서 중국어를 배웠습니까?
我（是）今天早上看见他的。　나는 오늘 아침 그를 보았습니다.

만약 동빈구조의 뒤에 방향보어가 있으면, "的"를 문장 끝에 놓는다. 예를 들면:

他上星期到中国去的。　　　그는 지난주 중국에 갔습니다.
她（是）昨天打电话来的。　그녀는 어제 전화를 걸어 왔습니다.

"是……的"의 부정형은 "不是……的"이다. 부정식 가운데의 "是"는 생략할 수 없다. 예를 들면:

他不是去年毕业的。　　　　그는 작년에 졸업하지 않았습니다.
我不是在这个学校学的中文，나는 이 학교에서 중국어를 배운것이
是在那个学校学的。　　　　아니라, 저 학교에서 배웠습니다.

2. "是不是"를 사용한 疑問文 및 "还是……还是……"를 사용한 選択疑問文

말하는 사람이 어떠한 상황에 대해 자신이 생각하고 있는 것을 확인하고자 할 때, "是不是"를 사용하여 물을 수 있다. "是不是"의 문장 속에서의 위치는 다음과 같다.

这本书是你的，是不是？　　　이 책은 당신의 것이지요? 그렇죠? → 이 책은 당신의 책이지요?
是不是参观的人都走了？　　　참관하던 사람은 모두 나갔지요?
你是不是把那本书还给他了？　당신은 그 책을 그에게 돌려주었지요?

그리고, 지금까지 서술해온 의문문외에, "还是……还是……"를 사용하여 두 가지 가능한 답안을 병렬하면 일종의 선택식의문문을 구성하게 된다. "还是"는 선택을 해야하는 부분 앞에 놓이게 된다.

첫번째 "还是" 또는 "还"는 종종 생략된다.
예를 들면:

(还是) 你来, 还是他来?　　당신이 오는 겁니까, 아니면 그가 오는겁
　　　　　　　　　　　　　니까?

你 (还是) 来, 还是不来?　　당신은 오는겁니까? 아니면 오지 않는겁
　　　　　　　　　　　　　니까?

3． "不是……吗"

　　"不是……吗"는 반문하는 형식으로 긍정을 강조한다.
예를 들면:

你不是会中文吗? 请你　　당신은 중국어를 할줄 아시지 않습니까?
翻译翻译这个句子。　　　이 문장을 좀 번역해 주십시오.
你不是看了那个展览会了　당신은 그 전람회를 보지 않았습니까?
吗? 你给我介绍介绍吧。　나에게 좀(그 내용을)소개해 주십시오.

4． 動目句가 狀況語로 되는 경우

　　일부 동빈구조는 상황어를 만들 수 있으며 동작의 진행방식을 나타낸다.
예를 들면:
他坐飞机来北京了。　　　그는 비행기로 북경에 왔습니다.
我们用中文讨论问题。　　우리들은 중국어로 문제를 토론합니다.

5． "怎么"와 "怎么样"

　　"怎么"와 "怎么样"은 모두 의문 대명사이다. "怎么"의 용법은, 하나의 부사에 해당되며, 일반적으로 동사의 앞에 쓰여 동작의 방식을 묻는 것이다. "怎么样"은 하나의 형용사에 해당하며 동사 앞에 놓여서 쓸 때에는 "怎么"의 뜻과 같다. 예를 들면:

这个问题应该 怎么/怎么样 回答?　　이 문제는 어떻게 대답해야만 합니까?

请你告诉我这个字 怎么/怎么样 写。　이 글자는 어떻게 쓰는지 내게 가르쳐 주십시오.

这本书怎么样？	이 책은 어떻습니까？
这本书写得怎么样？	이 책은 (쓰는 법이) 어떻습니까？
你说说那是怎么样的一本书。	그것은 어떤 책인지 당신이 좀 말해 보십시오.

"怎么"는 때에 따라 "为什么"와 같은 뜻으로 쓰이는 때도 있지만, 의외라는 어기를 지니고 있으며 "怎么样"에는 이와같은 용법이 없다. 예를 들면:

他怎么走了？	그는 왜 가버렸습니까？
你怎么不去看电影？	당신은 왜 영화를 보러가지 않습니까？
他怎么现在还不回来？	그는 왜 아직도 돌아오지 않습니까？

五、练习 Liànxí   연습문제

다음 문장을 중국어로 번역하시오.
1) 나의 친구는 북경에서 중국어를 공부하고 있습니다.
2) 우리들은 비행기로 갔습니다. 기차로 간 것이 아닙니다.
3) 벌써 10시가 되었는데, 어째서 아직 자지 않습니까？
4) 당신의 부인은 스키를 할줄 아십니까？
5) 그 전화는 오전에 걸려온 것이 아니라, 오후에 걸려왔습니다.
6) 연습문제는 벌써 다 끝마쳤겠지요？

第二十课

一、范句 Fànjù ※ 예문

(一)

1. 他 以前 去过 中国。
   Tā yǐqián qùguǒ Zhōngguó.

2. 我 参观过 那个 机器 制造厂。
   Wǒ cānguānguò nàge jīqì zhìzàochǎng.

(二)

3. 这是 刚 买 的 一本 字典，我 还 没(有) 用过。
   Zhè shì gāng mǎi de yìběn zìdiǎn, wǒ hái méi(yǒu) yòngguò.

4. 他 只 学过 英文，没(有) 学过 中文。
   Tā zhǐ xuéguò yīngwén, méi(yǒu) xuéguò zhōngwén.

(三)

5. 他 来 找过 你 两回，你 都 不 在 家。
   Tā lái zhǎoguò nǐ liǎnghuí, nǐ dōu bú zài jiā.

6. 我 到 中国 大使馆 参加过 一次 电影 招待会。
   Wǒ dào Zhōngguó dàshǐguǎn cānjiāguò yícì diànyǐng zhāodàihuì.

7. 昨天 我 先 复习了 两遍 课文，又 写了 三遍 生词。
   Zuótiān wǒ xiān fùxíle liǎngbiàn kèwén, yòu xiěle sānbiàn shēngcí.

(四)

8. 这个 问题 我们 要 好好儿 讨论 一下儿。
   Zhège wèntí wǒmen yào hǎohāor tǎolùn yīxiàr.

9. 一会儿 田忠 来 了，你 叫 我 一声。
   Yīhuǐr Tiánzhōng lái le, nǐ jiào wǒ yīshēng

(五)

10. 他 身体 很 好。
    Tā shēntǐ hěn hǎo.

11. 他 决心 非常 大，一定 能 克服 这些 困难。
    Tā juéxīn fēicháng dà, yídìng néng kèfú zhèxiē kùnnàn.

12. 这种 收音机 声音 不错，样子 也 很 好看。
    Zhèzhǒng shōuyīnjī shēngyīn búcuò, yàngzi yě hěn hǎokàn.

(六)

13. 从 我们 学校 向 南(边) 走，就 到 那个 工厂 了。
    Cóng wǒmen xuéxiào xiàng nán(biānr) zǒu, jiù dào nàge gōngchǎng le.

14. 他 工作 认真 努力，我们 应该 向 他 学习。
    Tā gōngzuò rènzhēn nǔlì, wǒmen yīnggāi xiàng tā xuéxí.

二、课文　Kèwén　　※본문

给中国朋友的一封信

建中 同志：

你 好！

你 的 信 我 收到 了。因为 最近

学习比较忙，所以没有立刻回信，请你原谅。

看了你的信，我知道中国建设上又有了很多新成就，也知道你现在身体、学习、工作都很好，我非常高兴。

你信里说，中国人民非常珍视我们两国人民的友谊，还要好好儿地向各国人民学习。这使我很感动。我相信，我们两国人民的友谊一定会不断发展。

我是今年三月开始学中文的。因为我以前没学过，所以有一些困难。但是，为了加强我们两国人民的友谊，我有决心克服困难，学好中文。

教我们中文的是一个中国老师，他是去年九月来我们学校的。在老师的帮助下，我已经会说一些中文，也会写一些汉字了。我们跟老师一起看过两次中文电影。每次老师都先给我们介绍一下儿电影的内容，这样我们就容易看懂了。为了学好中文，我还常常听中文广播，这对我提高中文水平帮助很大。

别的中国朋友都好吗？我还没有给他们写过信。我的情况请你告诉他们一下儿，并且问他们好。

希望你以后常常来信。
　祝
健康！

你的朋友
田忠
七月二十五日

三、生词　Shēngcí　　새로나온 단어

1.	并且	（接）bìngqiě	그리고, 아울러
2.	不错	búcuò	훌륭하다
3.	不断	búduàn	부단히
4.	部	（量）bù	문서나 차량·기계·영화와 같은 작품 등을 세는 양사
5.	成就	（名）chéngjiù	성과
6.	发展	（動）fāzhǎn	발전하다
7.	封	（量）fēng	통, 편지 등을 세는 양사
8.	感动	（動）gǎndòng	감동하다
9.	刚	（副）gāng	막, 방금
10.	各	（代）gè	각(각)
11.	广播	（動）guǎngbō	방송하다
12.	过	（接尾）guo	과거의 경험을 나타냄, ……한적이 있다
13.	好看	（形）hǎokàn	예쁘다, 보기 좋다
14.	回	（量）huí	…번(동작의 회수를 세는)
15.	健康	（形）jiànkāng	건강하다
16.	建设	（動）jiànshè	건설하다
17.	可是	（接）kěshì	그러나
18.	立刻	（副）lìkè	즉시
19.	年纪	（名）niánjì	나이, 연령
20.	认真	（形）rènzhēn	성실하다, 진지하다
21.	声	（量）shēng	소리나 음을 동반한 동작의 회수를 세는 양사
22.	声音	（名）shēngyīn	목소리, 소리
23.	使	（動）shǐ	……로 하여금……하게 하다
24.	收	（動）shōu	받다

25. 下儿	（量）	xiàr	번(대단히 짧은 동작의 회수를 세는)
26. 相信	（動）	xiāngxìn	믿다
27. 向	（前）	xiàng	……를 향해, ……에게
28. 信	（名）	xìn〔封〕	편지
29. 样子	（名）	yàngzi	모양
30. 愚公	（名）	Yúgōng	우공(인명, →제24과 본문)
31. 原谅	（動）	yuánliàng	용서하다, 양해하다
32. 在……下		zài……xià	……아래에서
33. 珍视	（動）	zhēnshì	존중하다
34. 祝	（動）	zhù	축복하다, 빌다
35. 最近	（名）	zuìjìn	최근

四、语法 Yǔfǎ   문법

1. 動詞接尾辞 "过"

접미어 "过"를 동사의 뒤에 놓으면, 과거의 경험이나 또는 어떤 동작이 이미 발생했었음을 나타낸다. 부정형은 "没(有)……过"이다. 예를 들면:

他去过中国, 我没去过。　그는 중국에 간적이 있습니다만, 나는 간적이 없습니다.

他没吃过中国饭。　그는 중국요리를 먹어본적이 없습니다.

他来过没有？　그는 온적이 있습니까？

접미어 "过"와 접미어 "了"와 는 다르다.

다음 두쌍의 문장을 비교해 보시오:

{ 他来了。　（그는 왔다.）
{ 他来过。　（그는 온적이 있다.）
{ 他没来。　（그는 오지 않았다.）
{ 他没来过。　（그는 온적이 없다.）

2. 動量詞 "次", "回", "遍"

동량사 "次", "回", "遍" 앞에 수사를 덧붙여 종종 동사의 뒤에 놓여 보어가 된다. 예를 들면:

我听了三遍了。　　　　　나는 세번 들었습니다.
他来过两回。　　　　　　그는 두번 온적이 있습니다.
我要再去看一次。　　　　나는 다시 한번 보러가고 싶다.

명사목적어는 동량사 뒤에 위치하며, 대명사 목적어는 동량사 앞에 위치한다. 복잡한 목적어는 종종 문장 앞 머리에 둔다.
예를 들면:

这个星期下了两次雨。　　　이번주에는 비가 두번 내렸습니다.
他来过这儿两回。　　　　　그는 여기에 두번 온적이 있습니다.
今天学的汉字, 我写了三遍。　오늘 배운 한자를, 나는 세번 썼습니다.

"次"와 "回"의 뜻은 대략 같지만 "遍"은 "次"의 뜻 외에도 처음부터 끝까지의 전 과정을 강조하는 뜻이 있다. 다음 문장에서 이러한 단어들의 용법을 비교해 보시오:

我每次复习都要念三遍或者　　나는 매번 복습할 때마다 본문을 세번이나
四遍课文。　　　　　　　　　혹은 네번 읽기로 하고 있습니다.
那个展览会我参观了两回了,　그 전람회를 나는 두번 참관했습니다만,
可是还没有看完一遍。　　　　그러나 아직 대충 보지 못했습니다.

3. 動量詞 "下儿", "声"

"下儿"과 "声" 모두다 동량사이다.
(1) "下儿"은 구체적인 동작의 수량을 표시할 수 있다.
　　예: "敲了两下儿门", "钟敲了一下儿"。
　　"一下儿"이 동사 뒤에 사용되면, 동사를 중첩시킨 것과 같은 작용을 갖는 경우가 있다. 예를 들면:

老师问了一下儿我们的学 　선생님은 우리들의 학습상황을 조금 물어 　보
习情况。 　　　　　　　　셨습니다.
请你帮助我一下儿。 　　　아무쪼록 저를 좀 도와주십시오.
这课课文的生词比较多, 　이과 본문의 새로운 단어는 비교적 많아서, 나
我要多复习一下儿。 　　　는 많이 복습하지 않으면 안됩니다.

(2) "声"은 동량사로서 발성동작의 횟수를 나타낸다. 예를 들면:

我在楼下叫了他三声, 他才听见。 　내가 아래층에서 (그를) 세번 부르자,
　　　　　　　　　　　　　　　　비로소 그가 들었습니다.

"一声"은 의문, 통지 혹은 인사 등을 나타내는 동사구조 뒤에 놓여서 쓰이는데, 대단치 않다는 어기나, 말하는 내용이 간단하다는 것을 나타낸다. 예를 들면:

你看见老师, 问他一声 　　(당신은)선생님을 보면, 오늘 오후 과외지도가
今天下午有没有辅导。 　　있는지 어쩐지(그에게) 좀 물어봐 주십시오.

你走的时候, 叫我一声, 　당신이 외출할 때, 내게 말을 좀 해주십시오, 나
我跟你一起走。 　　　　　는 당신과 함께 나가겠습니다.

4. 主述述語文

주술구(=「주어+술어」)가 술어가 된 문장을 주술술어문이라 한다. 주술구조 속의 주어가 나타내는 사람 또는 사물은 대개 전체 문장의 주어가 나타내는 사람 또는 사물과 관련이 있거나 혹은 그의 일부분이다. 예를 들면:

这个工厂工人不少。 　　　이 공장은 노동자가 적지않다. (주술구의 주어는
　　　　　　　　　　　　　"工人"이지만, 이것은 전체문장의 주어인 "工厂"
　　　　　　　　　　　　　에 속한다.)
那部电影色彩非常好。 　　저 영화는 색채가 매우 좋다.
愚公年纪很大了。 　　　　우공은 나이를 많이 먹었다.

5. "没有话说"

두개의 동사구조가 술어가 되는 문장이 있다. 첫번째 동사구조는 "有" 또

는 "沒有"와 그 목적어로 이루어 지는데, 의미상으로 말하자면 이 목적어는 첫째 동사의 지배를 받는다고 할 수 있으나, 실제로는 두번째 동사는 단지 보충설명의 작용을 할 뿐이다.

예를 들면 : "没有话说"「할말이 없다」, "没有水喝"「마실물이 없다」, "有地种"「심을 밭이 있다」, "有书看"「읽을 책이 있다」.

6. 副詞 "刚"

부사 "刚"은 동작 또는 상황이 매우 짧은 시간전에 완료되었음을 강조하며, 강조하고 싶은 성분 앞에 놓아야 한다. 예를 들면 :

我刚写完汉字，还没作练习。	나는 막 한자를 다 썼으며, 아직 연습을 하지 않았습니다.
我昨天刚从中国回来。	나는 중국에서 어제 막 돌아왔습니다.
他刚出去，就下雨了。	그가 막 외출하자, 곧 비가 내리기 시작했습니다.

五、练习 Liànxí   연습문제

다음 문장을 중국어로 번역하시오.
1) 그는 이전에 책을 한권 번역한 적이 있습니다.
2) 나는 아직 중국에 가본적이 없습니다.
3) 당신은 중국영화를 본적이 있습니까? 몇번 보았습니까?
4) 당신은 본문을 몇번 읽었습니까?
5) 나는 대학을 졸업하고 나서 한번 그를 만난적이 있을뿐입니다.
6) 당신은 중국어 사전을 어떤식으로 찾는지 알고 있습니까?
   중국어 사전을 찾어본 적이 있습니까?
7) 내일 오후 우리들은 참관을 가게되니 그에게 좀 전해주십시오.
8) 이 숙련 기술자는 기술경험이 풍부합니다.

第二十一课

一、范句　Fànjù　　※ 예문

(一)

1. 我们　<u>正在</u>　上　课。
   Wǒmen zhèngzài shàng kè.

2. 我　进去　的　时候，她　<u>正</u>　给　孩子们　讲　故事　<u>呢</u>。
   Wǒ jìnqù de shíhòur, tā zhèng gěi háizimen jiǎng gùshi ne.

3. 你　写　汉字　<u>呢</u>　吗？
   Nǐ xiě hànzì ne ma?

   我　<u>没</u>　写　汉字，我　(<u>正</u>)　看　书　<u>呢</u>。
   Wǒ méi xiě hànzì, wǒ (zhèng) kàn shū ne.

(二)

4. 他　在　我　前边　坐<u>着</u>。
   Tā zài wǒ qiánbiānr zuòzhe.

5. 他　<u>拿着</u>　一本　画报。
   Tā názhe yìběn huàbào.

6. 他　手里　<u>没　拿着</u>　东西。
   Tā shǒuli méi názhe dōngxi.

7. 这个　本子　<u>没　写着</u>　名字，是　谁　的？
   Zhège běnzi méi xiězhe míngzi, shì shuí de?

147

（三）

8. 他 笑着 跟 我们 打 招呼。
   Tā xiàozhe gēn wǒmen dǎ zhāohū.

9. 他们 是 走着 去 的, 没 坐 汽车。
   Tāmen shì zǒuzhe qù de, méi zuò qìchē.

（四）

10. 书架上 放着 四五十本 书。
    Shūjiàshàng fàngzhe sìwǔshíběn shū

11. 礼堂里 坐着 五百多 人。
    Lǐtánglǐ zuòzhe wǔbǎiduō rén.

12. 我们 学校 新 来了 两个 教 中文 的 老师。
    Wǒmen xuéxiào xīn láile liǎngge jiāo zhōngwén de lǎoshī.

13. 我们 班 走了 三个 同学, 他们 到 中国 去 学习
    Wǒmen bān zǒule sānge tóngxué, tāmen dào Zhōngguó qù xuéxí
    了。
    le.

（五）

14. 请 你 明天 早 一点儿 来。
    Qǐng nǐ míngtiān zǎo yìdiǎnr lái.

15. 我 要 买 一个 厚 一点儿 的 本子。
    Wǒ yào mǎi yíge hòu yìdiǎnr de běnzi.

（六）

16. 有 人 敲 门。
    Yǒu rén qiāo mén.

17. 有 人 在 楼下 找 你, 你 赶快 去 吧。
    Yǒu rén zài lóuxià zhǎo nǐ, nǐ gǎnkuài qù ba.

二、课文　Kèwén　※ 본문

看病人

我有一个中国朋友病了,住在医院里。昨天下午我去看他。

我到了医院,找到了他的病房,就敲门进去了。我朋友正躺着看书呢。他看到我很高兴,想要起来。我说:"你有病,不要起来了。"他躺着跟我握了握手,请我坐下。

屋子里很干净。床旁边放着一张桌子和两把椅子,桌子上放着几本画报和一架收音机。两个窗户都开着,屋子里空气很好。

我先问了问我朋友的身体

情况。他说,现在每天吃药、打针,休息得也很好。我又问他在医院里生活习惯不习惯,他笑着说,医院对他很关心,还给他做中国饭菜。大夫每天都来给他看病。别的病人也很热情,常常来跟他谈话。每天都有一些朋友到医院来看他。他还说,非常感谢医院和朋友们对他的关心。接着,我们又谈到了我们两国人民的友谊。他说:"希望我们两国人民永远互相学习,互相支持,互相帮助。"

谈到四点多钟,我对我朋友说:"我走了。希望你好好儿休息,早点儿出院。"他握着我的手说:"谢谢你的关心,我

很快就可以出院了，朋友们
不用再来看我了。"

三、生词 Shēngcí　　새로나온 단어

1.	病	(動, 名) bìng	앓다, 병
2.	病房	(名) bìngfáng	병실
3.	病人	(名) bìngrén	환자
4.	菜	(名) cài	요리
5.	出院	chū yuàn	퇴원하다
6.	窗户	(名) chuānghu	창문
7.	床	(名) chuáng〔张〕	침상, 침대
8.	打招呼	dǎ zhāohu	인사하다
9.	打针	dǎ zhēn	주사(침) 놓다
10.	大夫	(名) dàifu	의사
11.	地图	(名) dìtú〔张〕	지도
12.	干净	(形) gānjìng	깨끗하다
13.	赶快	(副) gǎnkuài	급히
14.	感谢	(動) gǎnxiè	감사하다
15.	古	(形) gǔ	오래된, 옛것인
16.	关心	(動) guānxīn	관심을 가지다
17.	孩子	(名) háizi	아기
18.	几	(数) jǐ	몇(열 이내의 부정수를 나타내는)
19.	接着	(動, 接) jiēzhe	계속해서, 연이어
20.	开	(動) kāi	열다, 스위치를 넣다, (차를) 운전하다
21.	看病	kànbìng	진찰하다, 진찰을 받다 문병하다, 간호하다

22. 空气	(名)	kōngqì	공기
23. 礼堂	(名)	lǐtáng	강당
24. 门	(名)	mén	문
25. 敲	(動)	qiāo	두드리다, 노크하다
26. 世界	(名)	shìjiè	세계
27. 躺	(動)	tǎng	드러눕다
28. 屋子	(名)	wūzi〔间〕	방
29. 习惯	(名,形)	xíguàn	습관
30. 笑	(動)	xiào	웃다
31. 药	(名)	yào	약
32. 医院	(名)	yīyuàn	병원
33. 永远	(副)	yǒngyuǎn	영원히
34. 在	(副)	zài	마침(……하고 있다)
35. 着	(接尾)	zhe	동작이 지속·존속하는 것을 나타냄, ……하고 있다. 앞의 동작이 뒤의 동작의 방식을 설명하는 경우, ……하면서 ……하다
36. 正	(副)	zhèng	("在"와 같음)
37. 正在	(副)	zhèngzài	("在"와 같음)
38. 支持	(動)	zhīchí	지지하다, 버티다
39. 住	(動)	zhù	살다, 입원하다, 거주하다
40. 做	(動)	zuò	하다, 만들다

四、语法 Yǔfǎ   문법

1. 副詞 "正在"와 語氣助詞 "呢"

어떤 동작이 현재 진행되고 있음을 나타내려면, 동사 앞에 "正在", "正", "在"를 두거나 또는 문장 끝에 "呢"를 덧붙인다. 예를 들면:

  我们正在上课。 우리들은 마침 수업중입니다.

他在学习，我没有叫他。	그가 공부하고 있는 중이어서, 나는 그에게 말을 걸지 않았습니다.
我进去的时候，他正听中文广播。	내가 안으로 들어갔을 때, 그는 마침 중국어 방송을 듣고 있었습니다.
下雨呢，我们不要出去了。	비가 내리고 있습니다. (우리들은) 밖에 나가지 않는게 좋겠어요.

한 문장 안에서 "正在" 또는 "正", "在"를 "呢"와 함께 동시에 사용할 수도 있다. 예를 들면:

他正在锻炼身体呢。	그는 마침 몸을 단련하고 있는 중입니다.
他在跟一个朋友谈话呢。	그는 마침 친구 한명과 이야기를 하고 있는 중입니다.
他们正在那个机器制造厂参观呢。	그들은 마침 그 기계제조공장을 참관하고 있는 중입니다.

부정형에는 "没有"를 사용한다. 예를 들면:

你正在看杂志吗？	당신은 잡지를 보고 있는 중입니까?
没有，我看画报呢。	아니오, 나는 화보를 보고 있는 중입니다.
我没看杂志，我看画报呢。	나는 잡지를 보지 않고, 나는 화보를 보고 있는 중입니다.

2. 動詞接尾辞 "着"

동사에 접미어 "着"를 덧붙이면, 동작이 지속상태에 있음을 나타낸다. 동작은 이미 끝났지만, 동작의 결과가 상태로써 남아 있게 될 때에도 접미어 "着"로 표시한다. 예를 들면:

他手里拿着几本书。	그는 손에 몇 권의 책을 가지고 있습니다.
他在椅子上坐着。	그는 의자 위에 앉아 있습니다.
两个窗户都开着。	두개의 창은 모두 열려 있습니다.
桌子上放着字典。	테이블 위에 사전이 놓여 있습니다.

한참 진행되고 있는 동작이 종종 지속되는 상태가 될 수도 있다. 따라서 이러한 동사에도 "着"를 덧붙일 수 있다.

他正在床上躺着呢!   그는 마침 침대위에 누워있는 중입니다.

我们正说着话, 听见   우리들이 마침 이야기를 하고 있을 때, 밖에서 누
外边有人叫我。   군가가 나를 부르는 것이 들렸습니다.

동사에 "着"를 첨가시키면 때로는 상황어가 되는데 동작의 방식을 나타낸다. 예를 들면:

他骑着自行车出去了。   그는 자전거를 타고 외출했습니다.

주의 : 동사와 "着"의 사이에는 어떠한 성분도 첨가시킬 수 없으며, 또 "着" 가 뒤에 붙은 동사는 보어를 지닐 수 없다.

3. 存现文

어떤 동사술어문에 사람 또는 사물이 어떤 지점 또는 어느 시간내에 존재 하였다거나 혹은 출현, 소실했다는 것을 나타낼 때도 있는데 이런 종류의 문 장을 존재, 출현을 나타내는 문이라고 한다. 존현문에서는 존재, 출현 혹은 소실되는 사람 또는 사물은 특정의 것을 쓸 수 없다. 존재 출현문의 어순은 일반적으로 :

장소·시간을 나타내는 어구 —— 동사 —— 사람·사물을 나타내는 단어

존현문에 사용되는 동사는 일반적으로 기타성분을 동반한다. 예를 들면 :

昨天晚上来了一个朋友。   어제 밤에 친구 한명이 왔습니다.
学校里出来很多学生。   학교안에서 많은 학생들이 나왔습니다.
书架上放着很多新书。   책꽂이 위에 새로운 책이 많이 놓여 있습니 다.

4. "接着"

"接着"는 계속되거나 바로 뒤를 잇는다는 뜻을 나타낸다. 예를 들면 :

| 这课课文的内容是接着上一课的。 | 이 과의 본문의 내용은 앞과에 이어지는 것입니다. |

때로는 "接着"가 상황어의 역할을 할 수도 있다.
예를 들면:

今天就讲到这儿，明天再接着讲。	오늘 설명은 여기까지하고, 내일 다시 계속해서 설명하겠습니다.
我们复习了课文，接着又练习汉字。	우리들은 본문을 복습한 후에, 계속해서 또 한자를 연습했습니다.
昨天晚上先刮风，接着就下雨了。	어젯밤 먼저 바람이 불더니, 이어서 곧 비가 내렸습니다.

5. "一点儿"

"一点儿"은 소량을 표시하는 부정양사로서 "一些"와 대략 같다. "一点儿"은, 문장 앞머리에 있지 않으면 "一"를 생략할 수 있다.
예: "买点儿东西"「물건을 조금 사다」, "要点儿纸"「종이가 조금만 갖고 싶다」.
"一点儿"을 형용사의 뒤에 놓으면 비교의 뜻을 가지며, 수량이나 정도의 차이가 크지 않음을 나타낸다.
예를 들면:

| 世界地图有大点儿的吗？ | 세계지도로 좀 더 큰 것이 있습니까? |
| 希望你能快点儿好，早点儿出院。 | 당신이 하루 빨리 완쾌되어, 속히 퇴원하시기를 빕니다. |

6. 無主語文 (2)

자연현상을 설명하는 문장(제14과) 이외에도, 주어를 내세우는 것이 불가능한 문장이 있다. 다음의 "有"나 "是"로 시작되는 무주어겸어문의 경우와 같다. 예를 들면:

| 古时候有个老人叫愚公。 | 옛날에 우공이라는 노인이 한사람 있었습니다. |
| 是谁给我打的电话？ | 누가 내게 전화를 걸었습니까? |

7. 概数의 표현방법

(1) 두개의 인접된 10이하의 숫자를 연결하면 개수를 나타낸다. 예:
"三四个本子", "六七十块钱", "一二百人"。
(2) "几"는 "一"에서 "九"까지의 수의 개수를 대표할 수 있다. 예:
"几块钱", "三百六十几天", "二百几十个生词", "几百个学生", "几千本书"。
(3) "多"는 때로는 개수가 될 수 있으며, 정수뒤에 단수를 나타낸다. 그 위치는?
① "十", "百", "千" 등의 뒤에 놓인다. 예: "二十多个生词", "一百多个汉字", "两千多张纸", "三百六十多天"。

② 각 자리뒤의 단수를 대표할 때는 양사와 명사의 사이, 또는 양사의 성질을 지닌 명사의 뒤에 놓는다. 예: "一个多月", "十二点多钟", "一年多"。

五、练习 Liànxí   연습문제

다음 문장을 중국어로 번역하시오.
1) 우리들은 어떤 문제를 토론하고 있는 중입니다.
2) 학생들은 강당에서 영화를 보고있습니다.
3) 나는 연습문제를 하고 있는 중이며, 본문을 읽고 있는 것이 아닙니다.
4) 지금 비가 오고 있지 않습니다, 어린이들을 밖에 내보내서 놀게합시다.
5) 우리들의 기숙사에는 2,30명의 학생이 살고 있습니다.
6) 우리들이 이야기하고 있는 곳으로, 박철군이 오늘신문을 가지고 들어왔습니다.
7) 나에게는 김일이라고 하는 친구가 한명있습니다.
8) 그 책에는 그의 이름이 쓰여 있습니다.
9) 오늘은, 한 사람도 나를 방문하지 않았습니다.

第二十二课

一、范句　Fànjù　※ 예문

（一）

1. 他　在　工厂　已经　工作了　三年　了。
　　Tā　zài　gōngchǎng　yǐjing　gōngzuòle　sānnián　le.

2. 我　和　我　朋友　到　公园　玩儿了　一会儿。
　　Wǒ　hé　wǒ　péngyou　dào　gōngyuán　wánrle　yíhuìr.

3. 雨　下了　一个多　小时。
　　Yǔ　xiàle　yígeduō　xiǎoshí.

（二）

4. 你们　学　中文　学了　半年多　了　吧？
　　Nǐmen　xué　zhōngwén　xuéle　bànniánduō　le　ba?

　　不，我们　刚　学了　两个多　月。
　　Bù, wǒmen　gāng　xuéle　liǎnggeduō　yuè.

5. 他　去　中国　两年　了　吗？
　　Tā　qù　Zhōngguó　liǎngnián　le　ma?

　　他　去　中国　没　有　两年，刚　一年多。
　　Tā　qù　Zhōngguó　méi　yǒu　liǎngnián, gāng　yìniánduō.

6. 你们　学了　几个　月　（的）　中文？
　　Nǐmen　xuéle　jǐge　yuè　(de)　zhōngwén?

　　我们　学了　两个多　月　（的）　中文。
　　Wǒmen　xuéle　liǎnggeduō　yuè　(de)　zhōngwén.

(三)

7. 他 到 外边 一 看, 雪 下 得 大 极了。
   Tā dào wàibiānr yí kàn, xuě xià de dà jíle.

8. 我 想 大概 是 田忠 打来 的 电话, 一 听, 果然
   Wǒ xiǎng dàgài shì Tiánzhōng dǎlái de diànhuà, yì tīng, guǒrán

   是 他。
   shì tā.

(四)

9. 那个 化学 工厂 我 一次 也 没 参观过。
   Nàge huàxué gōngchǎng wǒ yícì yě méi cānguānguò.

10. 他 出了 院, 一天 都 没 休息, 就 来 上 课 了。
    Tā chūle yuàn, yìtiān dōu méi xiūxi, jiù lái shàng kè le.

(五)

11. 孩子们 都 穿上了 最 好看 的 衣服, 去 参加 国庆
    Háizimen dōu chuānshàngle zuì hǎokàn de yīfú, qù cānjiā guóqìng

    活动。
    huódòng.

12. 那部 交响乐 我们 终于 听上 了。
    Nàbù jiāoxiǎngyuè wǒmen zhōngyú tīngshàng le.

二、课文 Kèwén ※ 본문

小红去公园

春天 到 了, 天气 暖和 了。星期日

爸爸、妈妈带小红和弟弟到公园玩儿了一天。

那天公园里人很多,有工人、农民、解放军、干部,还有不少小朋友。他们有的散步,有的划船,还有的坐着谈话、喝茶。

小红和弟弟看见树下站着很多人,跑去一看,是十几个小朋友正在给大家表演节目呢!他们一边唱歌,一边跳舞。小红和弟弟就站在那儿看了半个多小时。

后来,弟弟要去划船。小红和弟弟不会划,爸爸教了他们一会儿。他们玩儿得非常高兴,一点儿也不觉得累。

划完船,他们又去爬山。站在

山上一看，绿树、红墙、蓝天，好看极了。

小红看见一个地方种着很多小树，对妈妈说："妈妈，你看，上回咱们来的时候，那个地方还一棵树都没有呢，现在都种上树了。"

妈妈说："是啊，公园的工人叔叔每年都种很多树。小红，你看，这些建筑也都是几百年前劳动人民修建的。要是没有他们的劳动，就不会有这样的公园。"

爸爸接着说："但是解放以前劳动人民很少来玩儿。现在公园才成了劳动人民自己的了。"

回家的时候，爸爸在汽车上

问 小红 玩儿 得 怎么样，小红 说：
"玩儿 得 很 有意思。今天 我 才 知道，公园 也 发生了 很 大 的 变化。"

三、生词 Shēngcí   새로나온 단어

1.	爸爸	（名）bàba	아버지, 아빠
2.	本来	（形）běnlái	본래, 원래
3.	变化	（名）biànhuà	변화
4.	表演	（動）biǎoyǎn	공연하다
5.	茶	（名）chá	차
6.	唱歌	chàng gēr	노래를 부르다
7.	成	（動）chéng	(……으로) 되다
8.	穿	（動）chuān	입다
9.	船	（名）chuán	배
10.	大概	（形）dàgài	대개, 대체로, 아마도
11.	弟弟	（名）dìdi	동생
12.	干部	（名）gànbù	간부
13.	关（上）	（動）guān(shàng)	잠그다, 스위치를 끄다
14.	果然	（副）guǒrán	과연
15.	过	（動）guò	가로 지르다, (때가) 지나다, (생활을) 보내다
16.	喝	（動）hē	마시다
17.	后来	（名）hòulái	그 후
18.	划	（動）huá	(배를) 젓다
19.	化学	（名）huàxué	화학

20.	活	(動) huó	살다
21.	建筑	(動, 名) jiànzhù	건축하다, (건축물)
22.	交响乐	(名) jiāoxiǎngyuè〔部〕	교향악
23.	节目	(名) jiémù	프로그램
24.	解放	(動) jiěfàng	해방되다
25.	解放军	(名) jiěfàngjūn	해방군
26.	紧张	(形) jǐnzhāng	긴장되다, 절박하다, 바쁘다
27.	救	(動) jiù	구하다
28.	棵	(量) kē	그루(나무 등을 세는 양사)
29.	累	(形) lèi	피곤하다
30.	妈妈	(名) māmǎ	어머니, 엄마
31.	米	(量) mǐ	미터
32.	农民	(名) nóngmín	농민
33.	爬	(動) pá	기어오르다(산, 나무 등을 달라붙듯이 하여)
34.	跑	(動) pǎo	달리다
35.	墙	(名) qiáng	벽, 담
36.	认识	(動) rènshi	알다, 인식하다
37.	散步		sàn bù	산책하다
38.	输(血)	(動) shū(xuè)	수혈하다
39.	叔叔	(名) shūshu	숙부, 아저씨
40.	天	(名) tiān	하늘
41.	跳	(動) tiào	튀다, 튀어오르다
42.	跳舞		tiào wǔ	춤을 추다
43.	小时	(名) xiǎoshí	(몇시간이라고 말할때의)시간
44.	幸福	(形) xìngfú	행복한
45.	修建	(動) xiūjiàn	건축하다, 건립하다
46.	一……也(都)……	yī……yě(dōu)……	하나의(조금의)……까지도……하지 않다

47.	衣服	（名）yīfú	의복
48.	运动	（名,動）yùndòng	운동(하다)
49.	咱们	（代）zánmen	우리
50.	站	（動）zhàn	서다
51.	终于	（副）zhōngyú	드디어, 마침내
52.	种	（動）zhòng	심다
53.	装	（動）zhuāng	넣다
54.	最	（副）zuì	가장

四、语法　Yǔfǎ　　문법

1. 時間補語 (1)

시간보어는 동작의 진행 또는 상태의 지속이 시간상으로 얼마나 걸렸느냐를 설명하는 것이다. 예를 들면:

他们学习了三年，我们学习了还不到两年呢。	그들은 3년간 공부했지만, 우리들은 배운지 아직 2년도 안됩니다.
他在这个学校工作快两年了。	그는 이 학교에서 일을 한지 이제 곧 2년이 됩니다.
他在这个学校刚工作一年多。	그는 이 학교에서 일한지 이제 겨우 1년 남짓 됩니다.

시간보어를 가진 동사에 목적어가 있을 경우, 시간보어의 위치는 다음과 같다.

(1) 목적어의 뒤에 동사를 중복시키고, 시간보어를 중복시킨 동사 뒤에 놓는다. 예를 들면:

我们唱歌唱了半个小时了，休息一下吧。	우리들은 노래를 반시간 불렀습니다, 조금 쉽시다.
他在这个学校教中文教了快三个月了。	그는 이 학교에서 중국어를 가르친지 이제 곧 3개월이 됩니다.

(2) 시간을 나타내는 어구를 동사와 목적어의 사이에 놓는다. 예를 들면 :

我们唱了半个小时（的）歌了，休息一下吧。
他在这个学校教了快三个月（的）中文了。

2. 時間補語 (2)

시간보어는 또, 하나의 동작이 완료된 뒤로부터 지금까지 얼마의 시간이 경과 했는지를 나타낼 수가 있다. 이 경우에는 설령 목적어가 있어도 대개 동사를 중복시키지 않으며, 또한 시간을 나타내는 어구를 동사와 목적어 사이에 놓을 수가 없다. 예를 들면 :

他毕业两年了。	그는 졸업한지 2년이 됩니다.
我朋友去中国已经一年了。	내 친구가 중국으로 간지 벌써 1년이 됩니다.

3. 動詞의 앞에 "一"를 사용한 경우

때로는 동사 앞에 "一"를 덧붙일 경우, 동작이 발생하자마자 어떤 결과가 발생하거나, 어떤 상황을 발견한다는 것을 나타낸다. 예를 들면 :

他一说，大家都笑了。	그가 이야기하자마자, 모두 웃었습니다.
他注意一听，门外有人叫他。	그가 주의해서 들어보니, 문밖에서 누군가가 그를 부르고 있었습니다.
我听见外面有很多人说话，出去一看，是几个新同学。	나는 밖에서 많은 사람들이 이야기하는 것을 듣고서, 나가 보니, 몇명의 새로운 급우였습니다.

4. "一……也（都）……"

"一……也(都)……"는 강조를 나타내며, 부정문중에 사용되어, 주어, 목적어, 상황어 등을 강조할 수가 있다. 목적어를 강조할 때는 목적어를 동사의 앞으로 갖다 놓아야 한다. 예를 들면 :

时间还早，一个人都没来呢。 시간은 아직 이르고, 한사람도 오지 않았습니다.

他作练习的时候，一个汉字也没写错。	그는 연습문제를 할 때에, 하나의 한자도 틀리게 쓰지 않았습니다.
那个运动员在跳一米八零的时候，一点儿也不紧张。	저 선수는 1미터80을 넘을 때, 조금도 긴장하지 않았습니다.

5. 結果補語 (4) "上"

보어 "上"은, 동작이 완료된 후 맞닿다, 결합하다, 또는 부착 등의 결과가 발생함을 나타낸다. 예를 들면:

你出去的时候把门关上。	당신은 외출할 때, 문을 (꼭) 잠그세요.
我在给朋友的信里装上了几张照片。	나는 친구에게 보내는 편지속에 몇장의 사진을 넣었습니다.

때때로 "上"은 쉽사리 이루어내기 어려운 목적을 달성하였음을 나타낸다. 예를 들면:

解放以后劳动人民都过上了幸福生活。	해방후 노동인민은 모두 행복한 생활을 보낼 수 있게 되었습니다.
要看这个电影的人非常多，我还没看上呢。	이 영화를 보고싶어하는 사람은 매우 많으며, 나는 아직 보지못했습니다.

6. 人称代名詞 "咱们"

대화 중에 "咱们"과 "我们"은 말하는 사람과 듣는 사람을 모두 포함한다. 만약 듣는 사람을 포함하지 않는다면 "我们"만을 사용할 수 있고, "咱们"은 사용할 수 없다. 예를 들면:

朴哲 对史文说：	박철씨는 사문씨에 대하여 말했습니다.
"我们 咱们 一起去看电影吧。"	「우리들 함께 영화를 보러 갑시다.」
朴哲 对一个朋友说："你还没来过我们学校呢。"	박철씨는 한명의 친구에 대하여 말했습니다. 「너는 아직 우리학교에 온적이 없다.」

165

7. 副詞 "果然"

부사 "果然"은 사건 발생 전에 말했거나 예측했던 것과 사실이 서로 부합됨을 나타낸다. 예를 들면:

输血以后，那个孩子果然救活了。　　수혈 후에, 과연 그 어린 아이는 살아났습니다.

他说七点来，七点他果然来了。　　그는 7시에 온다고 하더니만, 과연 7시에 그는 왔습니다.

8. "以后" 와 "后来"

"以后"는 과거의 일에도 쓸 수 있고, 또 미래의 일에도 쓸 수 있지만, "后来"는 오직 과거의 일에 대해서만 쓰인다. 예를 들면:

我本来学英文，以后／后来又学法文了。　　나는 원래 영어를 배웠습니다만, 그후 다시 프랑스어를 배웠습니다.

现在你学会了查字典，以后就不怕有不认识的字了。　　지금 당신은 사전을 찾는 법을 알았으니, 앞으로는 모르는 한자가 있어도 걱정이 없게 되었습니다.

五、练习　Liànxí　　연습문제

다음 문장을 중국어로 번역하시오.
1) 우리들은 영화를 두시간 남짓 보았습니다.
2) 그는 여기서 3년이상 살고 있습니다.
3) 기숙사에는 한명도 없습니다. 모두 교향곡을 들으러 갔습니다.
4) 이과의 본문은 조금도 어렵지 않습니다. 겨우 20분예습을 했을뿐인데 이해를 했습니다.
5) 그는 중국에 간지가 벌써 몇년이나 되었습니다.
6) 공원에 가보았더니 벌써 많은 사람이 와 있었습니다.
7) 나는 매일 3시간 중국어를 공부합니다.

第二十三课

一、词组和范句　Cízǔ hé fànjù　※어구와 예문

(一)

1. 走<u>上来</u>　　　　走<u>上去</u>
   zǒushànglái　　　zǒushàngqù

2. 拿<u>下来</u>　　　　拿<u>下去</u>
   náxiàlái　　　　　náxiàqù

3. 跑<u>进来</u>　　　　跑<u>进去</u>
   pǎojìnlái　　　　pǎojìnqù

4. 借<u>出来</u>　　　　借<u>出去</u>
   jièchūlái　　　　jièchūqù

5. 送<u>回来</u>　　　　送<u>回去</u>
   sònghuílái　　　sònghuíqù

6. 带<u>过来</u>　　　　带<u>过去</u>
   dàiguòlái　　　　dàiguòqù

7. 站<u>起来</u>
   zhànqǐlái

(二)

8. 他　站起来　跟　朋友们　打　招呼。
   Tā　zhànqǐlái　gēn　péngyǒumen　dǎ　zhāohū.

9. 张　老师　让　我　坐下来　跟　他　谈　话。
   Zhāng　lǎoshī　ràng　wǒ　zuòxiàlái　gēn　tā　tán　huà.

（三）

10. 大家 都 跑出 教室 来 欢迎 新 同学。
    Dàjiā dōu pǎochū jiàoshì lái huānyíng xīn tóngxué.

11. 他 买回 邮票 来 了。
    Tā mǎihuí yóupiào lái le.

12. 他 从 书架上 拿下来 几本 画报。
    Tā cóng shūjiàshàng náxiàlái jǐběn huàbào.

（四）

13. 请 你 把 你 的 工作 经验 介绍介绍。
    Qǐng nǐ bǎ nǐ de gōngzuò jīngyàn jièshǎojièshǎo.

14. 咱们 把 那些 问题 讨论 一下儿 吧！
    Zánmen bǎ nàxiē wèntí tǎolùn yīxiàr ba!

（五）

15. 我 还 没 把 那本 书 看完，明天 再 还 你 吧。
    Wǒ hái méi bǎ nàběn shū kànwán, míngtiān zài huán nǐ ba.

16. 我们 要 把 方便 让给 别人，把 困难 留给 自己。
    Wǒmen yào bǎ fāngbiàn rànggěi biérén, bǎ kùnnán liúgěi zìjǐ.

（六）

17. 天气 一 冷，我们 就 可以 去 滑冰 了。
    Tiānqì yī lěng, wǒmen jiù kěyǐ qù huábīng le.

18. 我 念 课文 还 不 熟，一 不 注意 就 会 念错。
    Wǒ niàn kèwén hái bù shú, yī bú zhùyì jiù huì niàncuò.

（七）

19. 一块 四毛 五（分钱） （一元 四角 五分） 1.45元
    yīkuài sìmáo wǔ (fēnqián) (yīyuán sìjiǎo wǔfēn)

20. 二十五块　二(毛钱)　(二十五元　二角)　25.20元
    èrshíwǔkuài　èr(máoqián)　(èrshíwǔyuán　èrjiǎo)

21. 一块　零　五分　(一元　零　五分)　1.05元
    yīkuài　líng　wǔfēn　(yīyuán　líng　wǔfēn)

22. 三十块　零　三毛　九　(三十元　零　三角　九分)　30.39元
    sānshíkuài　líng　sānmáo　jiǔ　(sānshíyuán　líng　sānjiǎo　jiǔfēn)

二、课文　Kèwén　※본문

一包钱

一天早上，太阳刚出来。十二岁的张小华又跑又跳地去上学。快到学校的时候，她发现路旁的草里有一个小纸包儿，捡起来一看，是个旧信封，里边装着五十块钱，信封上有"东凤人民公社"几个字。张小华想：丢钱的人大概是从公社到城里来买东西的，我一定要找到这个人，把钱交给他。她又想，丢钱的人也许会回来找的，就站在那儿等着。

过了一会儿，一个五六十岁的老大爷走过来了，他一边走一边往地上看。张小华想，这大概就是丢钱的人，就跑过去问："老大爷，您丢东西了吗？"

"是啊，小姑娘，你看到一个小纸包儿没有？"

"纸包儿里边是什么？"

"是钱，五十块钱。"

"您是从哪儿来的？"

"我是东风公社的，社里派我到城里来修理机器，我刚才把机器送到工厂去了，出来的时候发现钱丢了。"

张小华一听，就高兴地把纸包儿拿出来，说："这是您的吧？"

老大爷 接过 纸 包儿 说:"是 我的。小 姑娘,谢谢 你。你 叫 什么 名字 啊?"

"老大爷,不 用 谢。这 是 我 应该 做 的 事情。"小华 说完 就 向 学校 跑去 了。

三、生词 Shēngcí　　새로나온 단어

1.	把	(前) bǎ	……을
2.	包	(動,量) bāo	싸다, (갑, 담배 등을 세는 양사)
3.	包儿	(名) bāor	보퉁이, 꾸러미
4.	草	(名) cǎo	풀
5.	等	(動) děng	기다리다
6.	地	(名) dì	토지, 지면
7.	丢	(動) diū	잃다
8.	发现	(動) fāxiàn	발견하다
9.	方便	(形) fāngbiàn	편리하다
10.	分	(量) fēn	("毛"의 10분의1)
11.	刚才	(名) gāngcái	방금
12.	姑娘	(名) gūniang	아가씨, 소녀
13.	捡	(動) jiǎn	줍다
14.	交	(動) jiāo	건네주다, (돈을) 지불하다
15.	角	(量) jiǎo	("毛"와 같음, 구어체에서는 "毛"라고 많이 말함)
16.	接	(動) jiē	받다, 접하다, 마중하다

17.	块	(量)	kuài	중국의 화폐단위, 元 (구어체에서는 "块"라고 많이 말함)
18.	老大爷	(名)	lǎodàye	영감님 (노인에 대한 경칭)
19.	留	(動)	liú	남기다
20.	路	(名)	lù〔条〕	길
21.	毛	(量)	máo	("元"의 10분의 1)
22.	派	(動)	pài	파견하다
23.	钱	(名)	qián	돈
24.	上学		shàng xué	학교에 들어가다, 학교에 가다
25.	事(情)	(名)	shì(qing)〔件〕	일, 사건
26.	岁	(量)	suì	나이
27.	往	(前)	wàng	……으로 향하여
28.	信封	(名)	xìnfēngr〔个〕	봉투
29.	修理	(動)	xiūlǐ	수리하다
30.	一……就……		yī……jiù……	……하자마자 곧……
31.	也许	(副)	yěxǔ	혹시……일지도 모른다, 대개……일 것이다
32.	邮票	(名)	yóupiào〔张〕	우표
33.	元	(量)	yuán	("块"와 같음)

四、语法 Yǔfǎ   문법

1. 複合方向補語

동사 "上, 下, 进, 出, 回, 过, 起" 등은 뒤에 단순방향보어 "来" 또는 "去"가 따르면 복합방향보어가 구성된다. 예를 들면:

	上	下	进	出	回	过	起
来	上来	下来	进来	出来	回来	过来	起来
去	上去	下去	进去	出去	回去	过去	

他们从外边走进来了。	그들은 밖에서부터 걸어 들어왔습니다.
孩子们都跑出去玩儿了吗?	어린 아이들은 모두 놀러 뛰어 나갔습니까?
	장소화는 걸어서 학교로 들어갔습니다.

2. 複合方向補語 와 目的語의 位置

복합방향보어가 있는 동사의 목적어는, 일반적으로 복합방향보어의 중간에 삽입한다. 예를 들면:

张小华走进学校去了。	장소화는 걸어서 학교로 들어갔습니다.
下课以后, 同学们都跑出教室去锻炼了。	수업이 끝나고 나서, 급우들은 모두 몸을 단련하려고 교실에서 뛰어 나갔습니다.
他从桌子上拿起一张报来, 坐下来看。	그는 책상위에서 한장의 신문을 집어 들어, 앉아서 읽었습니다.
他要从楼下拿上一把椅子来。	그는 아랫층에서 의자 하나를 들어오려고 했습니다.

다음 두 가지 점을 주의해야 한다.

(1) 만약 목적어가 나타내는 사물이 동작의 영향을 받아 위치가 이동된 것도, 복합방향보어의 뒤에 놓을 수 있다. 그러나 이러한 것은 대부분 동작이 이미 완료된 상황에서 볼 수 있다. 예를 들면:

他从桌子上拿起来一张报。	그는 책상위에서 신문 한장을 집어 들었습니다.
他从图书馆借回来一本字典。	그는 도서관에서 사전을 한권 빌려서 돌아왔습니다.

(2) 방위나 장소를 가리키는 목적어는 복합방향보어 뒤에 오지 않는다. "走进去学校", "跑出去教室" 따위로는 하지 않는다.

3. 前置詞 "把" 를 사용한 処置式動詞文

전치사 "把"를 사용한 처치식동사문의 기본적인 역할은, "把"에 의해서 목

적어를 동사앞으로 끌어내어, 목적어에 대하여 어떤 처치를 강조하는 것이다. 어순은 다음과 같다 :

主語 ── "把" ── 目的語 ── 動詞 ── 여러가지 成分
我 ── 把 ── 练习 ── 作 ── 完了。

이러한 문장을 사용할 때는 다음 사항을 주의해야 한다 :
(1) 동사 뒤에는 반드시 기타 성분이 있거나, 동사를 중첩시켜야 한다. 예를 들면 :

我把课文念得很熟。　　　나는 본문을 익숙하게 읽었습니다.
请你把你的经验谈谈。　　아무쪼록 당신의 경험을 좀 이야기해 주십시오.

"把"를 사용한 처치식동사문에서는, 매우 적은 수이긴 하지만 만약 "把"의 앞에 조동사 따위가 오게되면, 동사의 뒤에 다른 성분을 더하지 않아도 되는 경우가 있다. 그러나, 그런경우, 동사자체가 처치와 그 결과의 뜻을 포함하고 있는 복음절동사로 한정되어 있다. 예를 들면 :

我们一定要把这些困难克服。　　우리들은 이런 어려움을 꼭 극복해야만 합니다.

(2) "把"의 목적어는 대개 국한된 것이고, 아무것이나 목적어가 될 수 없다. 다음 문장을 비교해 보시오.

他昨天买来一架收音机。　　그는 어제 라디오 한대를 사가지고 왔습니다.
他昨天把那架收音机买来了。　그는 어제 그 라디오를 사가지고 왔습니다.

(3) 부정사나 조동사는 반드시 "把" 자 앞에 두지 않으면 안된다. 동사의 앞에는 놓을 수 없다. 예를 들면 :

他还没有把信写完。　　　그는 아직 편지를 다 쓰지 못했습니다.
我们要把中文学好。　　　우리들은 중국어를 마스터하지 않으면 안됩니다.

(4) 처치의 뜻이 없는 약간의 동사는 "把"자를 사용한 처치식동사문에 사용할 수 없다.

예:"进","回","喜欢","觉得","知道","看见","欢迎","经过"등.

이상의 예문들도 "把"를 쓰지않는 동사술어문으로 고칠 수 있다. 그러나 동사의 뒤에 "在","到","给","成"등의 보어가 있는 경우에는, 동사와 그 뒤의 성분과의 관계가 아주 밀접해서 분리할 수 없다면 "把"를 사용하여 목적어를 앞에 내놓는다. 예를 들면:

请你把东西放在桌子上。　　아무쪼록 물건을 책상위에 두십시오.
他已经把这两个句子翻译　　그는 이미 이 두개의 문장을 영어로 번역했습
成英文了。　　　　　　　　니다.

4. "一……就……"

(1) 두 가지의 일이 시간상으로 선후가 아주 밀접함을 나타낸다. 예를 들면:

我们一下飞机就坐汽车到大　　우리들은 비행기에서 내리자마자 곧 자동차
使馆去了。　　　　　　　　　로 대사관에 갔습니다.
老师说得很清楚,我们一听　　선생님은 정확히 말씀하시기 때문에, 우리들
就懂了。　　　　　　　　　　은 듣자마자 곧 이해를 했습니다.

(2) 조건과 그 결과를 나타낸다. 예를 들면:

念课文不要紧张,一紧张就　　본문을 읽을 때 긴장하면 안됩니다, 조금 긴
会念错。　　　　　　　　　　장하면 곧 틀리게 읽을 수가 있습니다.
我刚学中文,你说得一快,　　나는 중국어를 배우기 시작한지 얼마 안되
我就听不懂了。　　　　　　　여, 당신이 조금 빨리 말씀하시면, 나는 바
　　　　　　　　　　　　　　로 알아들을 수 없게 됩니다.

五、练习　Liànxí　　연습문제

다음 문장을 중국어로 번역하시오.
1) 김일은 중국에서 중국어책을 몇권 사가지고 왔습니다.
2) 박철은 사진 몇장을 꺼내서 우리들에게 보여주었습니다.
3) 당신은 이 잡지를 가지고 돌아가서 읽어도 괜찮습니다.

4) 우리들은 이 문제를 토론해야만 합니다.
5) 책을 책상위에 놓지말고 책꽂이에 놓아 주십시오.
6) 그는 그 책을 내게 빌려 주었습니다.
7) 나는 우선 이 물건들을 학교에 되돌려준다음 영화보러 가겠습니다.
8) 우리들은 아침 일찍 일어나면 곧 체력을 단련하러 갑니다.

第二十四课

一、范句　Fànjù　※ 예문

(一)

1. 我 这样 说 你们 听 得 清楚 听 不 清楚？
　　Wǒ zhèyàng shuō nǐmen tīng dé qīngchǔ tīng bù qīngchǔ?

2. 这些 中文 书 我们 现在 还 看 不 懂。
　　Zhèxiē zhōngwén shū wǒmen xiànzài hái kàn bù dǒng.

3. 这个 节目 二十分钟 表演 得 完 吗？
　　Zhègè jiémù èrshífēnzhōng biǎoyǎn dé wán má?

(二)

4. 明天 去 参观 工厂，你 去 得 了 去 不 了？
　　Míngtiān qù cānguān gōngchǎng, nǐ qù dé liǎo qù bù liǎo?

5. 他 一个 人 搬 不 动 那张 桌子，我们 去 帮助
　　Tā yígè rén bān bù dòng nàzhāng zhuōzǐ, wǒmen qù bāngzhù
　他 抬 吧。
　　tā tái bǎ.

6. 这个 礼堂 就是 大，两千 人 都 坐 得 下。
　　Zhègè lǐtáng jiùshì dà, liǎngqiān rén dōu zuò dé xià.

(三)

7. 那个 中文 故事 很 简单，连 我 都 听懂 了。
　　Nàgè zhōngwén gùshì hěn jiǎndān, lián wǒ dōu tīngdǒng lě.

8. 他 这次 在 中国 时间 比较 短，连 上海 也 没
   Tā zhècì zài Zhōngguó shíjiān bǐjiào duǎn, lián Shànghǎi yě méi
   去。
   qù.

9. 昨天 的 电影 他 连 看 也 没 看，怎么 知道
   Zuótiān de diànyǐng tā lián kàn yě méi kàn, zěnme zhīdào
   好 不 好 呢？
   hǎo bù hǎo ne?

（四）

10. 我们 要 好好儿 学习，不断 提高 中文 水平。
    Wǒmen yào hǎohāor xuéxí, búduàn tígāo zhōngwén shuǐpíng.

11. 桌子上 整整齐齐 地 放着 几本 书。
    Zhuōzishǎng zhěngzhěngqíqí de fàngzhe jǐběn shū.

（五）

12. 天气 越 来 越 冷，很 快 就 要 下 雪 了。
    Tiānqì yuè lái yuè lěng, hěn kuài jiù yào xià xuě le.

13. 这部 交响乐 他 越 听 越 喜欢 听。
    Zhèbù jiāoxiǎngyuè tā yuè tīng yuè xǐhuān tīng.

（六）

14. 咱们 赶快 借 唱片 去 吧，晚上 不 是 有 人 来
    Zánmen gǎnkuài jiè chàngpiàn qù ba, wǎnshàng bú shì yǒu rén lái
    听 音乐 吗？
    tīng yīnyuè ma?

15. 昨天 他 把 大衣 放在 我 这儿 了，今天 他 拿
    Zuótiān tā bǎ dàyī fàngzài wǒ zhèr le, jīntiān tā ná

来了。
lái le.

二、课文 Kèwén ※본문

愚公移山（寓言）

中国古时候有一位老人，名叫愚公，快九十岁了。他的家门前边有两座山，又高又大，一家人出来进去非常不方便。

有一天，愚公把全家人叫到一起，说："这两座大山对着咱们家门口，太不方便了，咱们把它搬走，好不好？"

他的儿子、孙子们都很赞成，只有他的妻子没有信心。她说："你年纪这么大了，连一块石头也搬不动，怎么能搬走这两座大山呢？那么多的石头又搬到哪儿去呢?"

大家说:"可以把石头扔到海里去!"

第二天,愚公就带着一家人搬山去了。邻居有个七八岁的孩子,听说他们要去搬山,也高高兴兴地去了。他们不怕辛苦,不怕困难。每天不断挖山。

有个老头子叫智叟,看见他们在搬山,觉得很好笑,就对愚公说:"你这么大年纪,连山上的草都拔不了,怎么能搬走这么多石头呢?"

愚公回答说:"你还不如小孩子!我虽然快死了,但是我还有儿子,儿子死了,又有孙子,我们的人越来越多,山上

的 石头 越 搬 越 少。只要 有 决心,就 一定 可以 把 山 搬走。"

智叟 听了,没有 话 说。

愚公 一家人 搬 山 的 事 感动了 上帝,他 就 派了 两个 神仙 把 两座 山 搬走 了。

   三、生词 Shēngcí 새로나온 단어

1.	拔	(動) bá	뽑다
2.	搬	(動) bān	운반하다, 옮기다
3.	不如	bùrú	……만 같지 못하다
4.	唱片	(名) chàngpiàn〔张〕	레코오드
5.	大衣	(名) dàyī	외투
6.	动	(動) dòng	움직이다, 가능보어로 사용되어, 달리다, 걷다, 운반하다 등에 있어서, …할 수 있다, 할 수 없다
7.	对(着)	(動) duì (zhě)	마주 향하다, 대하다
8.	儿子	(名) érzi	아들
9.	高	(形) gāo	높다
10.	海	(名) hǎi	바다
11.	好笑	(形) hǎoxiào	우습다, 우스꽝스러운, 우스운
12.	老头子	(名) lǎotóuzi	노인, 영감
13.	连……也(都)……		lián……yě(dōu)……	……조차도……
14.	辆	(量) liàng	차량을 세는 양사, 대

15.	了	(動)	liǎo	끝내다, 마치다, 가능보어로 사용되어, ……할 수 있다, 할 수 없다; 다량의 물건을……다 할 수 있다, 다 할 수 없다
16.	邻居	(名)	línjū	이웃집
17.	门口	(名)	ménkǒur	문간
18.	那么	(代)	nàme	그렇게, 그러면, 그와 같은, 저와 같은
19.	妻子	(名)	qīzi	처, 아내
20.	全	(形)	quán	완전한
21.	扔	(動)	rēng	던지다, 버리다
22.	上帝	(名)	shàngdì	상제, 하느님, 신
23.	神仙	(名)	shénxiān	신선, 선인
24.	石头	(名)	shítóu〔块〕	돌
25.	死	(動)	sǐ	죽다
26.	孙子	(名)	sūnzi	손자
27.	它	(代)	tā	그것
28.	抬	(動)	tái	(2인 이상이 힘을 합쳐서 커다란 물건을)들다, 옮기다
29.	听说		tīngshuō	듣건데 ……라는 말이다
30.	挖	(動)	wā	파다
31.	辛苦	(形)	xīnkǔ	고생하다
32.	信心	(名)	xìnxīn	자신, 신념, 확신
33.	移	(動)	yí	이동하다, 옮기다
34.	寓言	(名)	yùyán	우화
35.	远	(形)	yuǎn	멀다
36.	越……越……		yuè……yuè……	……하면 할수록……하다
37.	越来越……		yuè lái yuè……	더욱더
38.	赞成	(動)	zànchéng	찬성하다
39.	这么	(代)	zhème	이렇게, 이와같이

40. 只有　　　　　　zhǐyǒu　　　　오직 ……해야만
41. 智叟　　　（名）Zhìsǒu　　　사람이름

四、语法　Yǔfǎ　　　문법

1. 可能補語

어떤 동작이 어떤 결과에 도달할 수 있는지를 설명하려 할 때, 조동사 "能" "可以" 등을 쓰는 이외에도, 가능보어를 많이 사용한다. 가능보어의 구성은 일반적으로 결과보어 또는 방향보어와 동사의 사이에 "得"를 삽입하여 구성된다. 예를 들면: "听得懂"「들어서 이해할 수 있다」, "看得清楚"「확실히 볼 수 있다」, "找得到"「찾아낼 수가 있다」, "上得去"「올라갈 수 있다」는, 즉 "能听懂", "能看清楚", "能找到", "能上去"와 각각 동일한 뜻을 가지고 있다. 부정형은 "听不懂"「듣고 이해할 수 없다」, "看不清楚"「확실히 볼 수 없다」, "找不到"「찾아낼 수가 없다」, "上不去"「올라갈 수가 없다」와 같이 "得" 대신에 "不"를 삽입시켜 구성한다.

상대에게 허락을 구하는 경우는 가능보어를 사용할 수가 없다. "我能进来吗?"라고 말하지, "我进得来吗?"라고는 말할 수 없다.

2. 可能補語 "了", "动", "下"

개중에는 방향보어, 결과보어로 사용되는 경우는 거의 없고, 항상 가능보어로 사용되는 것이 있다.

(1) "了"(liǎo)

① 「가능」 또는 「완료」를 나타낸다. 예를 들면:

你今天晚上七点钟来得了来不了?　　당신은 오늘밤 7시에 올 수가 있습니까?

② 다량의 물건을 정리할 수 있는지 없는지에 대하여, ……다 할 수 있다, 다 할 수 없다. 예를 들면:

我们作练习用不了这么多纸。　　우리들은 연습문제를 하는데 이렇게 많은 종이를 다 쓸 수 없습니다.

(2) "动"

① 달리다, 걷다 등의 동사에 붙어서 그러한 동작을 진행시킬 힘이 있는지의 여부를 나타낸다. 예를 들면:

小红爬山爬得太累了,　　　소홍은 등산으로 너무 지쳐서, 뒤에 가서는 조금
后来有点儿走不动了。　　　도 걸을 수 없게 되었습니다.

② 가지다, 운반하다 등의 동사에 붙어서, 그러한 동작을 하여 물건을 움직일 수가 있는지 없는지를 나타낸다. 예를 들면:

我们两个人抬得动那架机器,　　우리 둘이서 저 기계를 들고 나를 수가
你不用去了。　　　　　　　　있으니, 당신은 갈 필요가 없습니다.

(3) "下"

충분한 공간이 있는지의 여부를 나타낸다. 예를 들면:

那辆汽车坐得下四十个人。　　저 자동차에는 40명이 탈 수가 있다.
这里放不下这么多东西。　　　여기에는 이렇게 많은 물건을 놓아 둘 수가
　　　　　　　　　　　　　　없습니다.

3. "连……也(都)……"

"连……也(都)……"와 같은 구조는, 하나 또는 몇 개의 두드러진 사례를 제기하며 기타는 말하지 않아도 뻔하다는 것을 나타낸다. 돌출한 사례는 주어, 목적어, 동사 혹은 상황어 등일 수 있고, "连"과 "也"의 사이에 놓아야 한다. "连"은 생략할 수가 있다.
예를 들면:

今天热极了,连点儿风也没有。　오늘은 매우 더운데, 바람조차 조금도
　　　　　　　　　　　　　　　불지 않는다.

这课课文他(连)背都会背了,　　이과의 본문을 그는 모두 암송할 수 있
一定念得很流利。　　　　　　　게까지 되어서, 확실히 유창하게 읽는
　　　　　　　　　　　　　　　다.

4. 形容詞의 重疊

　형용사를 상황어로 사용하여 어떤 동작을 묘사하려고 할 때, 형용사를 중첩한 형식을 사용할 수 있다. 중첩시키는 방식은 음절을 단위로 한다. 단음절어를 중첩시키는 경우, 두번째 음절은 일반적으로 제1성으로 변하며 儿化된다. 쌍음절어를 중첩시키는 경우 맨 마지막 음절에 악센트가 주어진다.
　예："慢慢儿"(mànmānr), "快快儿"(kuàikuāir), "高高兴兴"(gāogāoxìngxìng)。

5. "越……越……"와 "越来越……"

　"越……越……"의 구조는 어떤 상황이 또 다른 상황의 발전에 따라서 함께 발전해 간다는 것을 나타낸다. 예를 들면:

　这个问题越讨论越清楚。　　이 문제는 토론하면 할수록 확실해졌다.
　孩子们越玩儿越高兴。　　　어린 아이들은 놀면 놀수록 즐거워진다.

　"越来越……"는, 어떤 상황이 시간의 추이에 따라서 발전함을 설명한다. 예를 들면:

　我的朋友越来越多了。　　　나의 친구는 점점 많아지게 되었습니다.
　社员的生活越来越好。　　　사원의 생활은 점점(갈수록)좋아졌습니다.

6. 単純方向補語 (2)

　방향보어 "来", "去"는 때때로 주어의 행동을 설명하는 동사구조 뒤에 놓여서 주어의 방향을 나타내며 동사 목적어의 방향과는 관계가 없다. 예를 들면:

　新来的同学参观工厂去了。　새로 온 학우는 공장을 참관하러 갔습니다.
　你休息去吧。　　　　　　　(당신은)쉬러 가세요.
　他是看你来的吗？　　　　　그는 당신을 만나러 왔습니까？
　我要到图书馆借书去。　　　나는 도서관에 책을 빌리러 가고 싶다.

7. 副詞 "又"

　"又"는, "什么", "怎么", "多少" 등으로 구성된 일부 반어문에 사

용되어 어기를 강화한다. 예를 들면:

一个人滑冰又有什么意思呢！	혼자서 스케이트를 탄다니 대체 무슨 재미가 있습니까?
这么远，五点以前又怎么能回来！	이렇게 먼데, 대체 5시 이전에 어떻게 돌아올 수 있습니까!
课文不长，又能有多少生词，查一下字典就可以看懂了。	본문은 길지도 않거니와, 그다지 새로운 단어가 있는 것도 아니다, 사전을 좀 찾아보면 곧 이해할 수 있다.

8. 強調를 나타내는 "就是"

"就是"는 강조를 나타내며, 술어 중에서 강조하려는 성분 앞에 놓아, 부인하기 어렵다는 어기를 나타낸다. 예를 들면:

人民公社就是好。	인민공사는 참으로 좋다.
我们就是不怕困难。	우리들은 결코 어려움을 두려워하지 않는다.

五、练习　Liànxí　연습문제

다음 문장을 중국어로 번역하시오.
1) 당신은 그렇게 많은 요리를 다 먹을 수 있습니까?
2) 이렇게 많은 책은 나혼자로는 운반할 수 없습니다.
3) 이 방에서 세사람이 살 수 있습니까?
4) 그는 중국어잡지라도 읽을 수 있습니다.
5) 이 책은 쉬우니까, 중국어를 처음 배우는 사람이라도 읽을 수 있습니다.
6) 벽에 쓰여 있는 한자가 크기때문에, 우리들은 확실하게 볼 수가 있습니다.
7) 나는 생각하면 할수록 이 이야기가 재미있다고 생각한다.
8) 나는 한시간에 이 연습문제들을 끝낼 수가 있다.

第二十五课

一、范句　Fànjù　※ 예문

(一)

1. 我 的 练习 本子 <u>跟</u> 他 的 <u>不 一样</u>。
   Wǒ de liànxí běnzi gēn tā de bù yíyàng.

2. 我们 在 这儿 就 <u>跟</u> 在 自己 家里 <u>一样</u>。
   Wǒmen zài zhèr jiù gēn zài zìjǐ jiālǐ yíyàng.

3. 他 说 中文 说 得 <u>跟</u> 中国 人 <u>一样</u> 流利。
   Tā shuō zhōngwén shuō de gēn Zhōngguó rén yíyàng liúlì.

(二)

4. 到 公社 去 劳动，是 <u>受</u> 锻炼 的 好 机会。
   Dào gōngshè qù láodòng, shì shòu duànliàn de hǎo jīhuì.

5. 地上 的 雪 <u>被</u> 风 刮 得 一点儿 也 没 有 了。
   Dìshang de xuě bèi fēng guā de yìdiǎnr yě méi yǒu le.

6. 那个 <u>受</u> 重 伤 的 战士 <u>叫</u> 白求恩 大夫 救活 了。
   Nàge shòu zhòng shāng de zhànshì jiào Báiqiúēn dàifu jiùhuó le.

7. 那<u>些</u> 唱片 <u>让</u> 人 借走 了。
   Nàxiē chàngpiàn ràng rén jièzǒu le.

(三)

8. 这个 老 工人 的 实践 经验 <u>比</u> 我们 <u>多</u>。
   Zhège lǎo gōngrén de shíjiàn jīngyàn bǐ wǒmen duō.

9. 他 是 北京 人，<u>比</u> 我 <u>更</u> 了解 北京 的 情况。
   Tā shì Běijīng rén, bǐ wǒ gèng liǎojiě Běijīng de qíngkuàng.

10. 他 走 得 <u>比</u> 我 <u>快</u> 得 <u>多</u>。
    Tā zǒu dé bǐ wǒ kuài dé duō.

11. 他 的 字 写 得 <u>比</u> 我 <u>好</u> 一点儿。
    Tā dé zì xiě dé bǐ wǒ hǎo yìdiǎnr.

12. 第一班 的 学生 <u>比</u> 第二班 <u>少</u> 三个。
    Dìyībān dé xuéshēng bǐ dìèrbān shǎo sāngè.

13. 这个 工厂 <u>没 有</u> 那个 工厂 大。
    Zhègè gōngchǎng méi yǒu nàgè gōngchǎng dà.

14. 这课 的 课文 <u>不 比</u> 那课 难。
    Zhèkè dé kèwén bù bǐ nàkè nán.

15. 这些 树 一年 <u>比</u> 一年 高, 已经 <u>比</u> 这座 楼 高
    Zhèxiē shù yìnián bǐ yìnián gāo, yǐjīng bǐ zhèzuò lóu gāo
    <u>好 多 了</u>。
    hǎo duō lè.

16. 他 <u>比</u> 我们 <u>多</u> 学了 <u>两年</u> 中文。
    Tā bǐ wǒmén duō xuélè liǎngnián zhōngwén.

17. 他们 <u>比</u> 我们 <u>早</u> 来了 <u>十分钟</u>。
    Tāmén bǐ wǒmén zǎo láilè shífēnzhōng.

(四)

18. 听见 那边 有 人 叫 我, 我 就 <u>站住</u> 了。
    Tīngjiàn nàbiānr yǒu rén jiào wǒ, wǒ jiù zhànzhù lè.

19. 我 紧紧 地 <u>握住</u> 他 的 手 说: "谢谢 你!"
    Wǒ jǐnjǐn dé wòzhù tā dé shǒu shuō: "Xièxiè nǐ!"

(五)

20. 没 有 实践, 就 不 可能 有 正确 的 认识。
    Méi yǒu shíjiàn, jiù bù kěnéng yǒu zhèngquè dé rènshí.

二、课文 Kèwén ※ 본문

我 的 家

我家在上海。家里有爸爸、妈妈，还有哥哥、姐姐和妹妹，一共六个人。

我爸爸是工人。解放以前，他跟别的工人一样，受剥削，受压迫，生活非常苦。他每天要在工厂劳动十六七个小时。有一次，我爸爸累病了，没钱治，病一天比一天重，最后被赶出了工厂。那时候，妈妈在另外一个工厂劳动，一年冬天，也被打得病了好几个月。

解放了，劳动人民做了国家的主人。我爸爸被大家选做工厂的领导干部，但是他每天还跟工人一起劳动。他的身体比以前好多了。

姐姐今年二十四岁,她大学毕业以后就到一个公社去工作了。哥哥没有姐姐大,他去年参加了解放军。妹妹比我小两岁,她跟我一样,都上中学。她在学习上进步比我快。

爸爸、妈妈常常给我们讲解放以前的事。他们说:"现在咱们生活一天比一天好。你们要记住:没有主席的领导,就不会有今天的幸福生活。"

三、生词　Shēngcí　　새로나온 단어

1. 白求恩　　　（名）Báiqiúēn　　사람이름
2. 被　　　　　（前）bèi　　……에 의해서……당하다

3. 比	(前)	bǐ	……보다, ……에 비교해서
4. 剥削	(動)	bōxuē	착취하다
5. 词	(名)	cír	단어 어
6. 打	(動)	dǎ	때리다
7. 电影机	(名)	diànyǐngjī〔个〕	영사기
8. 服务	(動)	fúwù	근무하다, 봉사하다
9. 赶	(動)	gǎn	몰다, 따라가다
10. 哥哥	(名)	gēge	형, 오빠
11. 更	(副)	gèng	더욱
12. 共产党	(名)	gòngchǎndǎng	공산당
13. 国家	(名)	guójiā	국가
14. 好	(副)	hǎo	아주, 대단히, 심하게
15. 画儿	(名)	huàr〔张〕	그림
16. 叫	(前)	jiào	……로 하여금……하게 하다
17. 姐姐	(名)	jiějie	누나, 언니
18. 紧	(形)	jǐn	꽉 죄어지다
19. 进步	(動)	jìnbù	진보하다
20. 精神	(名)	jīngshén	정신
21. 苦	(形)	kǔ	고생스럽다
22. 领导	(動, 名)	lǐngdǎo	지도(하다), 지도자
23. 另外	(形)	lìngwài	또 다른, 따로, 별도로
24. 毛主席		Máo zhǔxí	모주석
25. 妹妹	(名)	mèimei	누이동생
26. 浅	(形)	qiǎn	얕다, 쉽다
27. 全心全意		quánxīnquányì	성심성의
28. 让	(前)	ràng	……로 하여금……하게 하다
29. 伤	(名)	shāng	상처
30. 受	(動)	shòu	(손해, 고통 등을) 받다
31. 选	(動)	xuǎn	뽑다, 선출하다

32. 压迫	（動） yāpò	압박하다
33. 一样	（形） yíyàng	같다
34. 战士	（名） zhànshì	사병
35. 治	（動） zhì	치료하다
36. 中学	（名） zhōngxué	초급중학(2년), 고급중학(2년)으로 나누어, 후자는 한국의 고등학교에 해당
37. 重	（形） zhòng	무겁다
38. 主人	（名） zhǔrén	주인
39. 做	（動） zuò	……이 되다

四、语法 Yǔfǎ   문법

1. "跟……一样"

"跟……一样"은 술어로도 사용될 수 있고, 한정어 또는 상황어로도 사용될 수 있다. 부정형은 "不"를 사용한다. "不"는 "跟" 앞에도 놓일 수 있고, "一样" 앞에도 놓일 수 있다. 예를 들면:

他的字典跟你的一样。	그의 사전은 너의 것과 같다.
我要买一架跟你那架一样的收音机。	나는 당신의 것과 같은 라디오를 한 대 사고 싶다.
我的衣服跟你的衣服不一样长。	나의 옷은 당신의 옷처럼 길지가 않습니다.
这个词的意思不跟那个词一样。	이 단어의 뜻은 저 단어와 같지 않습니다.
这个电影机跟那个一样不一样？	이 영사기는 저 것과 같습니까?

2. "被"를 사용한 被動式動詞文

중국어에는 의미상 피동을 나타내는 문장외에도 전치사 "被", "让", "叫" 등을 사용하여 피동을 나타내는 문장이 있는데, 이를 "被"를 사용한 피동식 동사문이라 한다. 이러한 문장의 어순은 일반적으로 다음과 같다.

```
                被
受動者 ──── 叫 ──── 主動者 ──── 動詞 ──── 다른 종류의 성분
                让
```

"被"를 사용한 피동식 동사문은 주어와 동사의 피동관계를 강조하고자 할 때만 사용한다. "被"자는 주로 문장체에 흔히 쓰고 구어체에서는 보통 "让" 과 "叫"가 많이 사용된다.

조동사나 부정부사는 "被" 등의 앞에 놓아야 한다. 예를 들면:

他被同志们选做人民代表了。　　그는 동지들에 의해 인민대표로 뽑혔습니다.

墙上的画儿要让风刮下来了。　　벽위의 그림은 바람에 날려 바로 떨어질 것 같습니다.

만약 일을 베푸는 자를 말할 필요가 없거나, 말할 수가 없는 것이면, 일반 사람을 가리키는 "人"으로 대체하여 사용할 수 있다. "被"자 뒤에는 일을 베푸는 자 없이 직접 동사와 연결시킬 수도 있다.
예를 들면:

那本杂志没叫人借去。　　저 잡지는 누군가가 빌려가지 않았습니다.
他被选做人民代表了。　　그는 인민대표로 선출되었습니다.

"被"를 사용한 피동식동사문은 흔히 뜻대로 안되는 일에 주로 사용했었는데, 현재는 이와같은 제한이 점차 사라지고 있다. 그러나 때로는 지금도 같은 문장이라 할지라도 "被"자를 사용하였지의 여부에 따라서 그 뜻이 달라지는 경우가 있다. 예를 들면:

我们说的话让他听见了。　　(우리가 한 말을 그가 듣지 말아야 했는데 듣고 말았다는 뜻이다.)

我们说的话他听见了。　　(우리가 한 말을 그가 들었다는, 단순한 사실을 가리킨다.)

3. 動詞 "受"

"受"는 동사로서 피동의 의미를 갖는다. 예를 들면:

解放以前劳动人民受剥削受压 　　해방전 노동인민은 착취되고 압박을 받았
迫，解放以后成了国家的主人。　으나, 해방후 국가의 주인이 되였습니다.
我们的代表团受到了中国人民 　　우리들 대표단은 중국인민의 환영을 받았
的欢迎。　　　　　　　　　　　습니다.

4. 比較

중국어에서의 비교는 전치사 "比"를 사용하여 비교를 나타낼 수 있다. 일반적인 형식은 다음과 같다.

　　A——"比"——B——비교의 차이

예를 들면:

他比你高吗？　　　　　　　　그는 당신보다 (키가) 큽니까？
他不比我高。　　　　　　　　그는 나보다 (키가) 크지 않습니다.
他们比我了解学校的情况。　　그들은 나보다 학교의 상황을 이해하고 있
　　　　　　　　　　　　　　　습니다.
我朋友说中文比我流利得多。　내 친구는 중국어를 나보다 훨씬 유창하
　　　　　　　　　　　　　　　게 말합니다.
这本书比那本书浅多了。　　　이 책은 그 책보다 훨씬 쉽습니다.
那座楼比这座楼高三米。　　　저 건물은 이 건물보다 3미터 높다.
她今天来得比昨天晚一点儿。　그녀는 오늘 어제보다 조금 늦게 왔습니
　　　　　　　　　　　　　　　다.

또, 때로는 동사앞에 "早", "晚" 또는 "多", "少" 등을 써서 상황어로 삼고, 정도의 차이를 나타내는 어구를 동사구조 뒤에 놓을 수 있다.

예를 들면:

他比我早来一会儿。　　　　　그는 나보다 조금 빨리 왔습니다.
我们比他们少学一课。　　　　우리들은 그들보다 1과분을 더 적게 배웠습
　　　　　　　　　　　　　　　니다.

또한, "一天比一天"이나 "一年比一年" 등을 상황어로 사용하여, 시간의 추이에 따라 사물이 변화하는 정도가 더해 간다는 것을 설명하기도 한다. 예를 들면:

>我们的生活一年比一年好。　우리들의 생활은 1년 1년 좋아져 갔습니다.

이 외에, "有"와 "没有"를 비교에 사용할 수도 있다. "A――有――B――― 这么 (那么) ―― 高"는, B를 기준으로 했을 때 A가 이미 B의 키에 도달했다는 뜻이다. 이러한 방식의 비교는 부정형의 형식에서 더 자주 나타낸다. 예를 들면:

>我弟弟有他那么高了。　나의 동생은 그이만큼 그렇게 크지 않습니다.
>她没有我高。　그녀는 나만큼 크지 않습니다.
>我唱歌没有他唱得好。　나는 그이만큼 노래를 잘부르지 못합니다.

5. 結果補語 (5) "住"

"住"는 결과보어가 되어, 동작을 통하여 어떤 사물이 견고하고 안정된 상태에 처하도록 함을 나타낸다. 예: "記住"「확실히 외우다」, "接住"「확실히 받아내다」, "拿住"「확실히 가지다」, "站住"「멈춰 서다」등.

6. 無主語文 (3)

주어를 내세우는 것이 불가능하거나 주어가 일반적인 것을 가리키는 문장을 무주어문이라고 한다. 예를 들면:

>要学好外文，必须多说多练。　외국어를 완전히 마스터하고 싶으면, 보다 많이 말하고 많이 연습해야만 합니다.
>有了全心全意为人民服务的精神，就能克服困难，做好工作。　성심성의껏 인민에게 봉사하는 정신이 있으면, 곤란을 극복하고 일을 잘 이룩할 수 있습니다.

7. 副詞 "好"

"好"는 "几", "些", "多" 등의 앞에 놓여 수량이 많거나 시간이 길다는 뜻을 강조한다. 예를 들면, "好几年"은 "兩三年"에 그치지 않는다는 뜻이며, "好些人"은 바로 "很多人"의 뜻이다.

五、练习 Liànxí   연습문제

다음 문장을 중국어로 번역하시오.
1) 이 건물은 저 건물과 비슷할 정도로 높다.
2) 그 새로운 화보는 학생들이 빌려갔습니다.
3) 나의 자전거는 누군가가 타고 갔습니다.
4) 침략군은 완전히 쫓겨나고 말았습니다.
5) 저 프로그램은 매우 평이 좋습니다.
6) 해방후 노동인민의 생활이 나날이 좋아졌습니다.
7) 올해 이 공장의 생산수준은 작년보다 훨씬 높아졌습니다.
8) 우리들은 이전보다 훨씬 유창하게 중국어를 말하게 되었습니다.
9) 나는 한자를 꼭 그의처럼 쓸 수 없습니다.

第二十六课

一、范句 Fànjù ※ 예문

(一)

1. 我们 学习 中文 虽然 有了 一些 成绩，但是 还 要 不断 努力。
   Wǒmen xuéxí zhōngwén suīrán yǒule yìxiē chéngjī, dànshì hái yào búduàn nǔlì.

2. 代表团 参观了 不 少 工厂、学校，还 访问了 一些 人民 公社。
   Dàibiǎotuán cānguānle bù shǎo gōngchǎng, xuéxiào, hái fǎngwènle yìxiē rénmín gōngshè.

3. 这个 电影 比 那个 电影 还 受 欢迎。
   Zhège diànyǐng bǐ nàge diànyǐng hái shòu huānyíng.

(二)

4. 在 清华 大学 我们 除了 参加 座谈会（以外），还 参观了 那里 的 实验室 和 工厂。
   Zài Qīnghuá Dàxué wǒmen chúle cānjiā zuòtánhuì (yǐwài), hái cānguānle nàli de shíyànshì hé gōngchǎng.

5. 除了 我（以外），他 也 没 看过 那个 电影。
   Chúle wǒ (yǐwài), tā yě méi kànguo nàge diànyǐng.

6. 除了 他（以外），宿舍 没 有 别的 人 了。
   Chúle tā (yǐwài), sùshè méi yǒu biéde rén le.

7. 除了 两个 同学 病了 不 能 来 （以外），大家 都
   Chúle liǎnggè tóngxué bìngle bù néng lái (yǐwài), dàjiā dōu
   来 了。
   lái le.

（三）

8. 我 到了 北京 就 给 你们 写 信。
   Wǒ dàole Běijīng jiù gěi nǐmen xiě xìn.

9. 你 不 出去 就 把 自行车 借 我 骑 一下儿。
   Nǐ bù chūqù jiù bǎ zìxíngchē jiè wǒ qí yíxiàr.

10. 那个 博物馆 我 就 参观过 一次，还 想 再 去
    Nàge bówùguǎn wǒ jiù cānguānguo yícì, hái xiǎng zài qù
    一次。
    yícì.

（四）

11. 参加 座谈会 的，既 有 学生，又 有 教师 和 干部。
    Cānjiā zuòtánhuì de, jì yǒu xuésheng, yòu yǒu jiàoshī hé gànbù.

12. 他们 的 宿舍 既 干净，又 整齐。
    Tāmen de sùshè jì gānjìng, yòu zhěngqí.

（五）

13. 我们 的 工厂里 不但 工人 参加 劳动，干部 也
    Wǒmen de gōngchǎngli búdàn gōngrén cānjiā láodòng, gànbù yě
    参加 劳动。
    cānjiā láodòng.

14. 天安门 我 不但 在 照片上 看过，而且 还 去过。
    Tiān'ānmén wǒ búdàn zài zhàopiànshang kànguo, érqiě hái qùguo.

二、课文　Kèwén　※ 본문

参观清华大学

上星期我们参观了清华大学。到了学校,我们先跟教师和学生进行了座谈,了解到不少学生本来是工人、农民或解放军。这个大学还办了一些工厂。学生除了学习理论以外,还经常在工厂实践和参加劳动。座谈以后,我们就开始参观了。

我们先看了几个实验室,又参观了学校的工厂。这些工厂既能帮助学生很好地解决理论和实践结合的问题,又能生产一些新产品。在汽车制造厂的装配车间里,我们看到学生正在教师和工人的指导下,装配一辆汽车。在另外一个车间里,几个学生和教师、工人正围着一台机器热烈地讨论。那台机器是学生跟教师、工人一起研究、设计的,他们正在总结经验。

我们问一位老教师:"你当老师已经很多年了吧?"

他说:"已经三十多年了。但是我还应该好好儿地向学生学习。他们不但是我的学生,而且在很多方面也是我的老师。"

这位教师的话给我们留下了深刻的印象。

参观结束了,清华大学的同志请我们把意见留下来,我们都说:"祝你们取得更大的成绩。"

三、生词 Shēngcí 새로나온 단어

1. 办 (動) bàn 운영하다
2. 博物馆 (名) bówùguǎn 박물관
3. 不但⋯⋯而且⋯⋯ búdàn⋯⋯ érqiě⋯⋯ ⋯⋯일뿐만 아니라, 또한⋯⋯이다
4. 产品 (名) chǎnpǐn 생산품, 제품
5. 车间 (名) chējiān 공장은 그 생산공정에 맞게 몇개의 「车间」으로 나누어져, 우리나라 공장의 「部」에 해당됨
6. 除了⋯⋯以外 chúle⋯⋯ yǐwài ⋯⋯을 제외하고, ⋯⋯이외는
7. 当 (動) dāng ⋯⋯에 되다
8. 访问 (動) fǎngwèn 방문하다
9. 既⋯⋯又⋯⋯ jì⋯⋯yòu⋯⋯ ⋯⋯이거니와 또한⋯⋯
10. 教师 (名) jiàoshī 교사
11. 结合 (動) jiéhé 결합하다
12. 结束 (動) jiéshù 끝내다
13. 解决 (動) jiějué 해결하다
14. 进行 (動) jìnxíng 진행하다
15. 理论 (名) lǐlùn 이론
16. 骑 (動) qí 타다(자전거나 말등에)
17. 清华大学 Qīnghuá Dàxué 청화대학
18. 取得 (動) qǔdé 취득하다
19. 热烈 (形) rèliè 열렬한
20. 设计 (動) shèjì 설계하다
21. 深刻 (形) shēnkè 깊다, 엄하다
22. 生产 (動) shēngchǎn 생산하다
23. 实验 (名) shíyàn 실험

24.	台	(量)	tái	기계·차량·설비 등을 세는 양사
25.	天安门	(名)	Tiān'ānmén	천안문
26.	围	(動)	wéi	포위하다, 둘러싸다
27.	位	(量)	wèi	사람을 존경해서 셀때의 양사, ……분
28.	研究	(動)	yánjiū	연구하다
29.	意见	(名)	yìjiàn	의견
30.	印象	(名)	yìnxiàng	인상
31.	指导	(動)	zhǐdǎo	지도하다
32.	装配	(動)	zhuāngpèi	(기계를) 조립하다
33.	自行车	(名)	zìxíngchē〔辆〕	자전거
34.	总结	(動,名)	zǒngjié	(경험 등을) 총괄하다, 총괄
35.	座谈		zuòtán	좌담

四、语法 Yǔfǎ   문법

1. 副詞 "还"

"还"는 매우 자주 쓰이는 부사로서, "还"는 다음과 같은 의미를 갖는다:

(1) 현상이 계속 존재하거나, 동작이 계속 진행될 때:

十点了，他还在工作。　　10시가 되었는데, 그는 아직 일을 하고 있습니다.

从前这样，现在还是这样。　이전까지 그랬습니다만. 지금도 아직 그렇습니다.

(2) 덧붙여 말할 때:

那个电影我还想看一次。　　저 영화를 나는 한번 더 보고싶다.

我买了一本字典，还买了一张地图。　나는 사전을 한권샀고, 더불어 지도를 한장 샀습니다.

昨天去看电影的，有学生，还有老师。　어제 영화를 보러간 사람중에는, 학생도 있고, 또한 선생님도 있습니다.

(3) 정도가 더욱 앞섰음을 나타내며 "更"과 대략 같다 :

他写汉字比你写得还整齐。　　그는 한자를 당신보다도 더욱 가지런히 잘 씁니다.

今天比昨天还暖和。　　오늘은 어제보다 훨씬 따뜻하다.

또한, "还没有(不)……呢"의 구조는, 어떤 상황이 현재에 이르기까지 아직 출현하지 않은 것을 나타낸다. 예를 들면:

课文我只念了三遍, 还不熟呢。　　본문을 나는 겨우 세번 읽었을 뿐이어서, 아직 익숙하지 않습니다.

今天的报我还没看呢。　　오늘신문을 나는 아직 보지 않았습니다.

이 구조는 "连……"과 함께 연용할 수가 있다. 예를 들면:

我连报还没看呢。　　나는 신문조차도 아직 보지 않았습니다.

2. "除了……以外"

"除了……以外"는 때로는 유일한 예외임을 나타내며, 보통 "都" 등과 호응하고, 또 때로는 유일한 예외가 아님을 나타내며, 보통 "也", "还", "又" 등과 호응된다. "以外"는 생략할 수 있다.

다음 두 쌍의 문장을 비교해 보시오:

除了翻译(以外), 别的练习他都作了。　　그는 번역을 제외하고, 다른 연습문제는 모두 해버렸습니다.

除了翻译(以外), 别的练习他也作了。　　그는 번역 이외에(번역뿐만 아니라), 다른 연습문제도 해버렸습니다.

他除了晚上(以外), 别的时候都不在家。　　그는 저녁 이외에, 다른시간에는 집에 없습니다.

他除了晚上(以外), 下午也在家。　　그는 밤 뿐만 아니라, 오후에도 집에 있습니다.

3. 副詞 "就"

"就"도 아주 흔히 쓰이는 부사이다.

(1) 시간이 이르거나 혹은 빠름을 나타낼 때, 앞에 시간을 나타내는 상황어가 있어야 한다. 예를 들면:

你等一会儿，我就来。　　　　조금 기다려 주십시오, 곧 오겠습니다.
就要下雨了，你不要出去了。　곧 비가 올 것 같으니, 외출해서는 안됩니다.
他们昨天就学完这一课了。　　그들은 어제 이미 이 과를 다 공부했습니다.
一会儿就吃饭了，吃完饭再　　조금 있으면 식사시간이니, 밥을 먹고 나서
去吧。　　　　　　　　　　　가십시오.

"就"는 또 한 동작이 다른 동작에 바로 이어짐을 나타낸다. 예를 들면:

他回到宿舍就睡了。　　　　　그는 기숙사에 돌아가자, 곧 자고 말았습니다.
我们下了课就去锻炼。　　　　우리들은 수업이 끝나자 곧 체력을 단련하러 갔습니다.

(2) "只"와 같은 뜻으로 사용되어, 어떤 범위에 한정됨을 나타낸다. 예를 들면

我就学了半年中文。　　　　　나는 다만 반년간 중국어 공부를 한 것뿐입니다.
现在我们就讲到这儿，　　　　지금 여기까지 말해두고, 내일 다시 말합시
明天再讲。　　　　　　　　　다.

(3) 複文에서의 "就":

① 앞절에서 「혹시……라면」이라고 가정하고, 다음에 부사 "就"를 후절의 술어부분 앞에 사용하여 「그런 경우는……」이라고 결과를 말한다. 때로는 앞의 것이 조건임을 나타내며 "要是"는 생략할 수 있다. 예를 들면:

今天下午不下雨，我们就　　　오늘 오후 비가 내리지 않으면, 우리들은 외출
出去。下雨就不出去。　　　　하겠지만, 비가 내리면 외출하지 않습니다.

你懂了吗？ 不懂，我就 　　당신은 아시겠습니까? 이해가 안가면, 다시한
给你再讲一遍。 　　　　　　번 설명해 드리겠습니다.

② 때로는 앞의 것이 「……때문에, ……해서」라고 원인임을 나타내며 "因为"는 생략할 수 있다. 예를 들면：

他觉得有点儿累，就坐 　　그는 약간 피로를 느껴서, 앉아서 잠시동안 쉬
下来休息了一会儿。 　　　었습니다.
他觉得那种字典很好， 　　그는 그런 종류의 사전이 좋다고 생각해서, 친구
就给他朋友也买了一本。 　에게도 한권 사주었습니다.

4. 副詞 "又"

"又"는 앞에서 말했던(제16과) 이외에, 다음과 같은 다른 두가지 용법이 있다：
(1) 서로 다른 일이 선후해서 잇달아 발생함을 나타낸다. 예를 들면：

我昨天看了电影，又买了 　나는 어제 영화를 보고나서, 또 물건을 조금
一点儿东西。 　　　　　　샀습니다.

(2) 서로 모순되는 두가지 일을 연결시킨다. 예를 들면：

他刚出去为什么又回来了？ 그는 방금 막 외출했는가 했더니 왜 다시 돌
　　　　　　　　　　　　아온 것일까?
我想出去，又怕下雨。　　나는 나가고 싶지만, 또(한편으로는) 비가올
　　　　　　　　　　　　까 걱정됩니다.

(3) "既……又……"는 어떤 사건위에 또 다른 사건이 겹쳐진 것을 나타낸다.

既快又好。　　　　　　　빠를뿐만 아니라 또 훌륭하다.
他们的宿舍既干净，又整齐。그들의 기숙사는 깨끗한뿐 아니라, 또 잘
　　　　　　　　　　　　정돈되어 있다.

5. "不但……而且（也）……

"不但……而且……"는, 앞절에서 어떤 사건을 서술했지만 그 범위에 그치지 않고, 계속해서 다른 사건을 겹쳐서 서술하는 경우에 사용된다.

代表团不但参观了不少工厂，而且还访问了一些人民公社。	대표단은 많은 공장을 참관했을뿐만 아니라, 또한 몇개인가의 인민공사도 방문했습니다.
他不但中文很好，而且有很多工作经验。	그는 중국어를 아주 잘할뿐만 아니라, 또한 매우 많은 일을 한 경험을 가지고 있습니다.

五、练习　Liànxí　　연습문제

다음 문장을 중국어로 번역하시오.
1) 그사람 외에는 모두 외출하고 말았습니다.
2) 일요일에는 편지를 쓰는 일 외에 무엇을 합니까?
3) 그는 중국어를 매우 잘할뿐만 아니라, 또한 쓰는 것도 정확합니다.
4) 중국의 대학생은 이론을 공부하는 것 뿐만 아니라, 노동에도 참가합니다.
5) 해방전에 여기에는 학교가 없었을뿐만 아니라, 공장도 없었습니다.
6) 화보를 다보았으면 책꽂이에 꽂아 주십시오.
7) 지금은 아직 그렇게 춥지 않으니, 오버코트를 입지 않아도 됩니다.

第二十七课

一、范句 Fànjù ※ 예문

(一)

1. 我们 今天 参观 人民 公社，半天 就 可以 回来。
   Wǒmen jīntiān cānguān rénmín gōngshè, bàntiān jiù kěyǐ huílái.

2. 他 离开 首都 已经 两个半 月 了。
   Tā líkāi shǒudū yǐjing liǎnggèbàn yuè le.

3. 这些 干部 在 农村 劳动了 一年半。
   Zhèxiē gànbù zài nóngcūn láodòngle yīniánbàn.

4. 这课 课文 前 一半儿 比较 容易，后 一半儿 有(一)
   Zhèkè kèwén qián yíbànr bǐjiào róngyì, hòu yíbànr yǒu (yì)
   点儿 难。
   diǎnr nán.

(二)

5. 我们 全 家 谁 都 热爱 集体，热爱 劳动。
   Wǒmen quán jiā shuí dōu rèài jítǐ, rèài láodòng.

6. 这种 字典，哪个 书店 都 能 买到。
   Zhèzhǒng zìdiǎn, nǎge shūdiàn dōu néng mǎidào.

7. 你 明天 什么 时候 来 找 我 都 可以。
   Nǐ míngtiān shénme shíhòur lái zhǎo wǒ dōu kěyǐ.

8. 哪里 有 困难，我们 就 到 哪里 去。
   Nǎlǐ yǒu kùnnàn, wǒmen jiù dào nǎlǐ qù.

9. 谁 了解 那个 地方 的 情况，我们 就 请 谁 介绍
   Shuí liǎojiě nàge dìfang de qíngkuàng, wǒmen jiù qǐng shuí jièshào
   介绍。
   jièshào.

10. 这个 句子 我 不 会 分析，想 找 谁 问问。
    Zhège jùzi wǒ bú huì fēnxi, xiǎng zhǎo shuí wènwen.

11. 你 能 不 能 借 我 一本 什么 中文 书 看看？
    Nǐ néng bu néng jiè wǒ yìběn shénme zhōngwén shū kànkan?

12. 我们 昨天 回来 得 很 晚，街上 已经 没 多少 人
    Wǒmen zuótiān huílái de hěn wǎn, jiēshàng yǐjīng méi duōshǎo rén
    了。
    le.

13. 春天 还 没 到，树 还 不 怎么 绿 呢。
    Chūntiān hái méi dào, shù hái bù zěnme lǜ ne.

二、课文　Kèwén　※ 본문

参观人民公社

今天我们去参观了向阳人民公社。我们一下车，公社的同志就走过来欢迎我们，热情地跟我们握手。

我们先参观了一个介绍公社历史的展览。从展览室出来，

我们就去参观公社的水库。这个水库是一九五八年公社成立以后修建的。社员们依靠集体的智慧和力量，只用了半年多的时间就把它修成了。现在这个水库的水可以灌溉公社的大部分土地。

参观完水库，我们又到了"向阳沟"。四年以前，这里还是什么都不长的"石头沟"。为了多生产粮食，支援社会主义建设，社员们发扬了自力更生，艰苦奋斗的精神，搬走了山沟里的石头，修起了梯田，种上了庄稼。他们苦干了两个冬天，把"石头沟"变成了为社会主义服务的丰产田。

从"向阳沟"回来，我们去访问了几位社员。社员们告诉我们，公社的生产一年比一年提高,大家的生活也一天比一天好。一位老大爷对我们说:"解放以前,我连想也没有想到能有今天这样的生活。我今年七十岁了,可是觉得自己还很年轻,我还要再活几十年呢!"一位青年社员接着说:"为了建设社会主义新农村,谁都想把自己所有的力量贡献出来。但是,我们做得还很不够,还有很多工作要做,我们要继续努力,不断前进。"

三、生词 Shēngcí 새로나온 단어

1.	半天	(名) bàntiān	제법 긴 시간, 한나절
2.	变	(動) biàn	변하다, 변화하다
3.	部分	(名) bùfen	부분
4.	车	(名) chē	차량
5.	成立	(動) chénglì	성립하다
6.	发扬	(動) fāyáng	발전시키고 제창하다

7. 丰产田		fēngchǎn tián	다수확 농지
8. 贡献	(動)	gòngxiàn	공헌하다
9. 沟	(名)	gōu	도랑
10. 够	(形)	gòu	충분하다
11. 灌溉	(動)	guàn'gài	논이나 밭에 물을 대다, 관개하다
12. 合适	(形)	héshì	알맞다, 적당하다
13. 集体	(名)	jítǐ	집단
14. 继续	(動)	jìxù	계속하다
15. 艰苦奋斗		jiānkǔfèndòu	각고분투하다
16. 件	(量)	jiàn	일·사건 등을 셀 때의 양사
17. 力量	(名)	lìliàng	힘, 역량
18. 粮食	(名)	liángshí	식량
19. 没关系		méi guānxì	괜찮다, 관계없다, 지장없다
20. 年轻	(形)	niánqīng	젊다
21. 农村	(名)	nóngcūn	농촌
22. 前进	(動)	qiánjìn	전진하다
23. 青年	(名)	qīngnián	청년
24. 热爱	(動)	rèài	열애하다
25. 社会主义	(名)	shèhuìzhǔyì	사회주의
26. 社员	(名)	shèyuán	사원
27. 水库	(名)	shuǐkù	저수지, 댐
28. 所有	(形)	suǒyǒu	온갖, 모든
29. 梯田	(名)	tītián	계단식으로 된 밭
30. 土地	(名)	tǔdì	토지
31. 依靠	(動)	yīkào	~에 의지하다
32. 长	(動)	zhǎng	자라다, 성장하다
33. 支援	(動)	zhīyuán	원조하다, 지원하다
34. 智慧	(名)	zhìhuì	지혜
35. 庄稼	(名)	zhuāngjiā	농작물
36. 自力更生		zìlìgēngshēng	자력갱생하다

四、语法　Yǔfǎ　　　語法

1. 数詞"半"

"半"을 양사와 연용하면 그의 위치가 두가지로 된다.

(1) 양사 또는 양사적 성격을 지니고 있는 명사 앞에서는 일반수사와 같다.
예: "半天", "半年", "半个月", "半个小时", "半斤糖" 등.

(2) 만약 앞에 정수가 있으면, "半"은 양사 또는 양사적 성격을 지닌 명사의 뒤에 놓아야 한다. 예: "两个半月", "五年半", "一斤半糖", "三个半小时" 등.

"半"이 단독으로 사용되어 앞뒤에 양사가 없을 때는, "一半儿"이라 말해야 한다. 예를 들면:

这本书我没有看完，刚看了一半儿。	이 책을 나는 다 보지 않았습니다, 겨우 반만 읽었을 뿐입니다.
这些信封，我要一半儿，给你一半儿吧。	이 봉투들은, 나는 절반만 필요하니, 당신에게 절반 드리겠습니다.
这枝铅笔一半儿是红的，一半儿是蓝的。	이 연필은 절반은 빨갛고, 절반은 파랗습니다.

2. 疑問代名詞의 特殊用法

의문대명사가 때로는 의문을 나타내지 않는 경우가 있는데, 이것을 의문대명사의 활용이라 한다. 다음에 몇가지 방법을 소개한다.

(1) 어떤 사람 또는 사물을 대신하며, "都" 또는 "也"와 연용한다. 예를 들면:

谁都想参观那个工业展览会。	누구든지 다 저 공업전람회를 참관하고 싶어합니다.
我们什么困难也不怕。	우리들은 어떠한 어려움도 두려워하지 않습니다.

(2) 특정인 또는 사물을 대신하며 일반적으로 복문에 사용된다. 종속문에는 의문대명사를 중복해 쓰며 그리고 부사 "就"를 덧붙여 쓴다.
예를 들면:

大家觉得怎么做好，就怎么做吧。	모두들 어떻게 하는 것이 좋다고 생각했다면, 그렇게 하십시오. →모두가 좋다고 생각한 것처럼 하십시오.
你什么时候方便，我就什么时候去找你。	당신이 언제라도 편리할 때, 나는 그때 당신을 찾아가겠습니다. →당신의 형편이 좋을 때 언제라도 찾아 가겠습니다.
哪个词合适就用哪个词。	어떤 단어가 어울리면 그 단어를 사용하십시오. →어울리는 단어라면 아무거나 사용하십시오.
为了建设社会主义新中国，我们有多少力量就贡献多少力量。	사회주의의 신중국을 건설하기 위해서, 우리들에게 다소의 힘이 있다면 그만큼의 힘을 다 바치겠습니다. →우리들에게 힘이 있는한 다 바치겠습니다.

(3) 명확히 가리킬 수 없거나 명확히 가리킬 필요가 없는 사람 또는 사물을 대신하여 부정의 뜻을 나타낸다. 예를 들면:

我记得谁跟我说过这件事。	나는 누군가가 내게 이 일을 말한적이 있슴을 기억하고 있습니다.
我们到什么地方去散散步吧。	(우리들은)어딘가로 잠시 산보하러 갑시다.

(4) 때로는 부정문중에 사용되어, 온화하고 부드러운 어기를 나타낸다. 예를 들면:

今天不去没有什么关系。	오늘 가지않아도 그다지 상관은 없습니다.
我不怎么会中文。	나는 그다지 중국어를 잘하지는 못합니다.

| 学校里没有多少人了，都 | 학교안에는 사람이 얼마 없고, 모두 전람회 |
| 去参观展览会了。 | 를 참관하러 갔습니다. |

3. "有（一）点儿"

"有(一)点儿"은 형용사의 앞에 사용되어 정도가 경미함을 나타내며, 생각한대로 되지않았다는 감정적인 색채를 지닌다. 예를 들면:

这几个句子有点儿难，咱们	이 몇개의 문장은 좀 어렵군요, 우리 좀 분
分析分析吧。	석해 봅시다.
那个词用得有点儿不合适。	저 단어는 사용법이 약간 부적당합니다.
这两个字写得有点儿小，应	이 두개의 글자는 조금 작게 썼으니, 좀더 크
该写得大点儿。	게 써야 합니다.

"有点儿高兴", "有点儿好看", "有点儿整齐" 등으로는 말하지 않는다.

"有点儿"은 몇몇 동사의 앞에, 또는 변화를 나타내는 형용사의 앞에 사용되어서 단지 정도가 경미하다는 것만을 나타내는데, 이 경우에는 뜻대로 되지 않았다는 감정적인 색채는 없다. 예를 들면:

我刚学骑自行车，	나는 자전거 타기를 막 배우기 시작했으나, 이제 좀
已经有点儿会了。	할 수 있게 되었습니다.
天气暖和了，树有	날씨가 따뜻해져서, 나무는 어느정도 녹색이 되었습
点儿绿了。	니다.

五、练习 Liànxí 연습문제

다음 문장을 중국어로 번역하시오.
1) 요즘 며칠은 별로 비가 오지 않아서 조금 덥다.
2) 나는 이전에 어디에선가 이 그림을 본적이 있습니다.
3) 우리들은 선생님이 읽으시는대로 읽습니다.
4) 그는 춤은 그다지 좋아하지 않지만, 음악은 매우 좋아합니다.
5) 이 책을 우리들은 이제 곧 다 배웁니다. 이제 몇과 남지
   않았습니다.

6) 자력갱생과 각고분투의 정신만 있으면, 어떠한 곤란도 극복할 수 있습니다.
7) 나는 중국어를 조금밖에 배우지 않아서, 이 문장들을 번역하기에는 좀 어렵습니다.

第二十八课

一、范句 Fànjù ※ 예문

(一)

1. 一 看完 电影，大家 就 谈起 看 电影 的 感想 来 了。
   Yī kànwán diànyǐng, dàjiā jiù tánqǐ kàn diànyǐng de gǎnxiǎng lái le.

2. 我 认识 的 中国 朋友 慢慢儿 地 多起来 了。
   Wǒ rènshi de Zhōngguó péngyou mànmānr de duōqǐlái le.

3. 群众 转移 的 时候，把 粮食 都 藏起来 了。
   Qúnzhòng zhuǎnyí de shíhòur, bǎ liángshi dōu cángqǐlái le.

4. 老师 辅导 以后，我们 把 练习里 的 语法 错误 都 改(正)过来 了。
   Lǎoshī fǔdǎo yǐhòu, wǒmen bǎ liànxílǐ de yǔfǎ cuòwù dōu gǎi(zhèng)guòlái le.

(二)

5. 这个 句子 我 看了 半天 也 不 懂，他 一 讲，我 一下子 就 懂 了。
   Zhège jùzi wǒ kànle bàntiān yě bù dǒng, tā yī jiǎng, wǒ yīxiàzi jiù dǒng le.

6. 人 多 力量 大，这条 路 一下子 就 修好 了。
   Rén duō lìliang dà, zhètiáo lù yīxiàzi jiù xiūhǎo le.

(三)

7. 这个 星期 一连 有 三个 代表团 到 我们 工厂 来
   Zhège xīngqī yìlián yǒu sānge dàibiǎotuán dào wǒmen gōngchǎng lái
   参观。
   cānguān.

8. 我们 眼看 要 毕业 了，应该 努力 把 中文 学 得
   Wǒmen yǎnkàn yào bìyè le, yīnggāi nǔlì bǎ zhōngwén xué de
   更 好。
   gèng hǎo.

9. 日本 侵略军 要 杀 那只 老羊 了，海娃 直 着
   Rìběn qīnlüèjūn yào shā nàzhī lǎo yáng le, Hǎiwá zhí zhao
   急。
   jí.

二、课文 kèwén ※ 본문

在工地上

一个 星期日，解放军 战士 雷锋 去 医院 看 病，回来 的 时候，经过 一个 建筑 工地，那 热烈、紧张 的 劳动 场面，一下子 把 他 吸引住 了。运 砖 的 推着 小车 飞 跑，砌 砖 的 也 在 紧张 地 劳动。扩音器里 播送着 鼓动 的 口号 和 嘹亮 的 歌声。

突然，广播员说："运砖的同志，加油！砖快供不上了！"

雷锋看到运砖的人比较少，砌砖的那边眼看就没砖了。他忘了大夫叫他休息，跑过去推起一辆小车就干了起来。

一个工人问他："同志，星期日还不休息？"

雷锋说："你们不是也没休息吗？"

"我们星期二休息。你怎么到我们这儿来劳动了？"

"你们不是砖供不上了吗？"

雷锋说完，推起满满的一车砖，就飞快地走了。他一连推了几十车，脸上的汗直往下流，衣服也全湿透了。

有个工人送来一杯水,对雷锋说:"同志,休息一下儿吧,喝点儿水。"雷锋说:"不累,谢谢。"他喝了水,又推砖去了。

雷锋的行动使工地上的人很受感动。推砖的同志装得更多了,跑得更快了,砖很快就供上了。

广播员跑来问雷锋:"同志!你是哪个部队的?叫什么名字?"

雷锋只说了一声:"我是附近部队的。"又推着车跑了。

劳动结束了。雷锋看着就要建成的厂房,特别高兴。这时候,很多人走过来和他握手,表示要向他学习。雷锋说:"我应该向工人同志学习。"说完就回去了。

三、生词 Shēngcí   새로나온 단어

1.	杯	(量) bēi	차·커피 등을 세는 양사, ……잔
2.	表示	(動) biǎoshì	표현하다, 나타내다
3.	播送	(動) bōsòng	방송하다
4.	部队	(名) bùduì	부대
5.	藏	(動) cáng	숨기다, 감추다
6.	厂房	(名) chǎngfáng	공장의 건물
7.	场面	(名) chǎngmiàn	장면
8.	飞	(動) fēi	날다;(상황어로 쓰임) 날으는 것처럼 빨리……하다
9.	附近	(名) fùjìn	부근
10.	供	(動) gōng	공급하다
11.	工地	(名) gōngdì	공사현장
12.	鼓动	(動) gǔdòng	격려하다, 고무하다
13.	海娃	(名) Hǎiwá	사람이름
14.	汗	(名) hàn	땀
15.	昏迷	(動) hūnmí	의식을 잃다, 기절하다
16.	加油	jiā yóur	힘을 내라, 응원하다
17.	经过	(動) jīngguò	경과하다, 지나가다
18.	口号	(名) kǒuhào	구호, 슬로건
19.	扩音器	(名) kuòyīnqì	확성기
20.	雷锋	(名) Léi Fēng	사람이름
21.	脸	(名) liǎn	얼굴
22.	嘹亮	(形) liáoliàng	(소리가) 또렷하다
23.	流	(動) liú	(피와 땀을) 흐르다
24.	满	(形) mǎn	가득차다
25.	砌	(動) qì	(벽돌을) 쌓다

26. 群众	(名)	qúnzhòng	군중
27. 杀	(動)	shā	죽이다
28. 胜利	(動)	shènglì	승리하다
29. 湿	(形)	shī	젖다
30. 售货员	(名)	shòuhuòyuán	판매원
31. 透	(動)	tòu	투명하다, 함빡
32. 突然	(形)	tūrán	갑자기, 돌연히
33. 团结	(動)	tuánjié	단결하다
34. 推	(動)	tuī	밀다
35. 吸引	(動)	xīyǐn	빨아 당기다
36. 行动	(名·動)	xíngdòng	행동(하다), 행위
37. 醒	(動)	xǐng	잠에서 깨어나다
38. 眼看		yǎnkàn	얼마 안 있어, 보고 있노라니
39. 羊	(名)	yáng〔只〕	양
40. 一下子		yíxiàzi	순식간에, 갑자기
41. 一连	(副)	yìlián	잇달아
42. ……员		……yuán	……원
43. 运	(動)	yùn	운반하다
44. 着急		zháo jí	초조하고 불안함, 다급함
45. 只	(量)	zhī	동물을 세는 양사, 필, 두
46. 直	(副)	zhí	줄곧, 곧장 쉬지 않고
47. 砖	(名)	zhuān〔块〕	벽돌
48. 转移	(動)	zhuǎnyí	이동하다, 이전하다

四、语法　Yǔfǎ　　　문법

1. 複合方向補語의 抽象的意味

　　복합방향보어에는 동작의 방향을 나타내는 것 이외에도, 어떤 것은 비교적 추상적인 뜻을 나타내는 것이 있는데, 여기서는 우선 3가지를 설명하기로 한다.

⑴ "起来"

① 동작 또는 상황의 시작과 계속을 나타낸다. 만약 목적어가 있으면 "起"와 "来"와의 사이에 놓아야 한다. 예를 들면:

| 天气慢慢地暖和起来了。 | 날씨가 차차 따뜻해지기 시작했습니다. |
| 他让我坐下以后，就跟我谈起话来。 | 그는 나더러 걸터 앉게 한 다음, 나에게 이야기하기 시작했습니다. |

② 분산으로부터 집중, 또는 폭로로부터 은폐됨을 나타낸다. 예를 들면:

团结起来，我们一定能取得更大的胜利。	단결하면, 우리들은 꼭 더욱 큰 승리를 차지할 수가 있다.
要下雨了，赶快把外边儿的粮食收起来吧！	비가 올 것 같으니, 빨리 밖에있는 식량을 거두어 들이세요.
售货员同志把我买的那本书包起来了。	판매원동지는 내가 산 저 책을 포장하기 시작했습니다.

⑵ "过来"

의식을 되찾거나 정상적인 상태로 회복됨을 나타낸다. 예를 들면:

| 他昏迷了半天，才醒过来。 | 그는 오랫동안 의식을 잃고, 겨우 깨어났습니다. |
| 老师把我练习里的句子都改(正)过来了。 | 선생님은 내 연습문제 속의 문장을 모두 똑바로 고쳤습니다. |

⑶ "下来"

어떤 사물을 잊거나 잃어버리거나 없어지지 않게 할 목적으로 고정시키거나, 머무르게 함을 나타낸다. 예를 들면:

| 我的电话号码他写下来了。 | 나의 전화번호를 그는 적어 두었습니다. |
| 我们把大家的意见记下来了。 | 우리들은 모두의 의견을 적어두었습니다. |

| 这本书是他留下来给你的。 | 이 책은 그가 당신을 주려고 남겨둔 것입니다. |

다음 문장을 비교해 보면:

| 送报的同志叫我把名字写下来。 | 신문배달부는 나에게 이름을 써 두게했습니다. |
| 我在新买的本子上写上了名字。 | 나는 새로산 공책위에 이름을 썼습니다.(여기서는 "把名字写下来"라고는 말할 수 없다.) |

2. "一下子"

"一下子"는 상황어가 되어 "很快"의 뜻을 가지며, 매우 짧은 시간내에 동작이 완료되거나, 상황이 발생·변화함을 강조할 때 쓴다.

예를 들면:

| 装砖的人很多, 一下子就把车装满了。 | 벽돌을 쌓는 사람이 많아서, 금방 차를 가득히 채웠습니다. |
| 昨天还很暖和, 今天一下子就冷起来了。 | 어제는 그래도 매우 따뜻했는데, 오늘은 갑자기 추워지기 시작했습니다. |

3. 副詞 "一连"

부사 "一连"은 이어져 끊어지지 않는다는 뜻을 가지고 있으며, 동일한 동작이 지속되는 시간이 길거나 또는 같은 상황이 연속 발생함을 강조할 때 쓴다. 뒤에는 반드시 수량사가 있어야 한다. 예를 들면:

一连下了三天小雨, 庄稼长得更好了。	계속해서 3일간 이슬비가 내리더니, 농작물의 성장이 더욱 좋아졌습니다.
这个电影, 我一连看了两次, 还想再看。	이 영화를, 나는 계속해서 두번 보았으나, 아직 더 보고 싶습니다.
上个星期日, 一连来了好几个朋友。	지난 일요일, 잇따라 몇명의 친구가 찾아왔습니다.

4. "眼看"

"眼看"은 아주 짧은 시간 내에 어떤 상황이 발생하리라는 것을 나타내며, 일종의 긴박한 어기를 지닌다. "要……了", "就要……了" 등과 함께 자주 연용된다. 예를 들면:

眼看就要上课了，你怎么还不快走！
이제 곧 수업이 시작되려고 하는데, 당신은 어째서 빨리 가려고 하지 않습니까!

眼看要下雨了，赶快把自行车搬进来吧！
금방이라도 비가 올 것 같으니, 빨리 자전거를 안으로 들여가세요!

5. 副詞 "直"

부사 "直"는 자연스럽게, 자기도 모르게 반복되거나, 지속되는 동작을 나타낸다. 예를 들면:

小红和弟弟听说要去公园划船，高兴得直跳。
소홍과 동생은 공원에 보트를 타러간다는 말을 듣자, 기뻐서 날뛰었습니다.

这个故事很有意思，大家听了都直笑。
이 이야기는 매우 재미있어서, 모두들 듣고 줄곧 웃었습니다.

五、练习 Liànxí 연습문제

다음 문장을 중국어로 번역하시오.
1) 전국의 국민이 단결하면, 반드시 승리를 얻을 수 있습니다.
2) 우리들은 이론과 실천을 결합시켜야만 합니다.
3) 그 환자는 의식을 잃고 말았으며, 의사가 그에게 주사를 놓자 겨우 의식을 되찾았습니다.
4) 그가 말한 이야기를 듣고, 모두들 웃기 시작했습니다.
5) 나는 어제 잇달아 3통의 편지를 받았습니다.
6) 그의 이름이 무엇인지 아무리해도 생각이 나지않습니다.
7) 나무를 심으로 갔던 사람이 많아서, 나무는 금방 다 심어지고 말았습니다.

品詞略称表

名　　词　　（名）名詞

代　　词　　（代）代名詞 ｛人称代名詞　　人称代名詞
指示代名詞　　指示代名詞
疑問代名詞　　疑問代名詞

动　　词　　（動）動詞
助动词　　（助動）助動詞
形容词　　（形）形容詞
数　　词　　（数）数詞

量　　词　　（量）量詞 ｛名量詞　　名量詞
動量詞　　動量詞

副　　词　　（副）副詞
介　　词　　（前）前置詞
连　　词　　（接）接続詞
叹　　词　　（嘆）感嘆詞

助　　词　　（助）助詞 ｛結構助詞　　構造助詞
語気助詞　　語気助詞

词　　头　　(接頭)接頭辞
词　　尾　　(接尾)接尾辞

付 録

简体 → 繁体

从简体查繁体

2笔	乡[鄉]	仑[侖]	丛[叢]	训[訓]	扪[捫]	[噹]
厂[廠]	**4笔**	仓[倉]	尔[爾]	议[議]	扫[掃]	尘[塵]
卜[蔔]	【一】	风[風]	【一】	讯[訊]	扬[揚]	呼[謼]
儿[兒]	丰[豐]	仅[僅]	击[擊]	记[記]	场[場]	吓[嚇]
几[幾]	开[開]	凤[鳳]	扑[撲]	【フ】	亚[亞]	虫[蟲]
了[瞭]	无[無]	乌[烏]	节[節]	辽[遼]	芗[薌]	曲[麯]
3笔	韦[韋]	【丶】	术[術]	边[邊]	朴[樸]	团[團]
干[乾]	专[專]	闩[閂]	龙[龍]	出[齣]	机[機]	[糰]
[幹]	云[雲]	为[爲]	厉[厲]	匆[芻]	权[權]	吗[嗎]
亏[虧]	艺[藝]	斗[鬥]	灭[滅]	发[發]	过[過]	屿[嶼]
才[纔]	厅[廳]	忆[憶]	东[東]	[髮]	协[協]	岁[歲]
万[萬]	历[歷]	订[訂]	轧[軋]	圣[聖]	压[壓]	回[迴]
	[曆]	计[計]	【丨】	对[對]	厌[厭]	岂[豈]
与[與]	区[區]	讣[訃]	卢[盧]	台[臺]	库[庫]	则[則]
千[韆]	车[車]	认[認]	业[業]	[檯]	页[頁]	刚[剛]
亿[億]	【丨】	讥[譏]	旧[舊]	[颱]	夸[誇]	网[網]
个[個]	冈[岡]	【フ】	帅[帥]	纠[糾]	夺[奪]	【丿】
么[麽]	贝[貝]	丑[醜]	归[歸]	驭[馭]	达[達]	钆[釓]
广[廣]	见[見]	队[隊]	叶[葉]	丝[絲]	夹[夾]	钇[釔]
门[門]	【丿】	办[辦]	号[號]	**6笔**	轨[軌]	朱[硃]
义[義]	气[氣]	邓[鄧]	电[電]	【一】	尧[堯]	迁[遷]
卫[衛]	长[長]	劝[勸]	只[隻]	玑[璣]	划[劃]	乔[喬]
飞[飛]	仆[僕]	双[雙]	[祗]	动[動]	迈[邁]	伟[偉]
习[習]	币[幣]	书[書]	叽[嘰]	执[執]	毕[畢]	传[傳]
马[馬]	从[從]	**5笔**	叹[嘆]	巩[鞏]	【丨】	伛[傴]
			【丿】	礼[禮]	贞[貞]	优[優]
			们[們]	讪[訕]	师[師]	伤[傷]
			仪[儀]	讫[訖]	当[當]	伥[倀]

226

价〔價〕	关〔關〕	观〔觀〕	坜〔壢〕	还〔還〕	囵〔圇〕	饭〔飯〕	伛〔傴〕
伦〔倫〕	灯〔燈〕	欢〔歡〕	扰〔擾〕	矶〔磯〕	贬〔貶〕	饮〔飲〕	忧〔憂〕
伧〔傖〕	汤〔湯〕	买〔買〕	坝〔壩〕	卤〔鹵〕	崋〔崋〕	系〔係〕	忾〔愾〕
华〔華〕	忏〔懺〕	纡〔紆〕	贡〔貢〕	歼〔殲〕	岖〔嶇〕	〔繫〕	怅〔悵〕
伙〔夥〕	兴〔興〕	红〔紅〕	㧟〔擓〕	来〔來〕	岗〔崗〕	【丶】	怆〔愴〕
伪〔偽〕	讲〔講〕	纣〔紂〕	折〔摺〕	欤〔歟〕	岘〔峴〕	冻〔凍〕	穷〔窮〕
向〔嚮〕	讳〔諱〕	驮〔馱〕	抢〔搶〕	轩〔軒〕	岈〔蜆〕	状〔狀〕	证〔證〕
后〔後〕	讴〔謳〕	纤〔縴〕	抢〔搶〕	连〔連〕	岚〔嵐〕	亩〔畝〕	诂〔詁〕
会〔會〕	军〔軍〕	〔纖〕	坞〔塢〕	轫〔軔〕	【丿】	庑〔廡〕	词〔詞〕
杀〔殺〕	讵〔詎〕	纥〔紇〕	坟〔墳〕	【丨】	针〔針〕	库〔庫〕	启〔啟〕
合〔閤〕	讶〔訝〕	驯〔馴〕	护〔護〕	卤〔鹵〕	钉〔釘〕	疖〔癤〕	评〔評〕
众〔衆〕	讷〔訥〕	纨〔紈〕	壳〔殼〕	〔滷〕	钊〔釗〕	疗〔療〕	补〔補〕
爷〔爺〕	许〔許〕	约〔約〕	声〔聲〕	邺〔鄴〕	钋〔釙〕	应〔應〕	诅〔詛〕
伞〔傘〕	讹〔訛〕	纩〔纊〕	报〔報〕	块〔塊〕	钉〔釘〕	这〔這〕	识〔識〕
创〔創〕	䜣〔訢〕	级〔級〕	拟〔擬〕	坚〔堅〕	乱〔亂〕	庐〔廬〕	诇〔詗〕
杂〔雜〕	论〔論〕	纪〔紀〕	㧐〔搜〕	时〔時〕	体〔體〕	闰〔閏〕	诈〔詐〕
负〔負〕	讻〔訩〕	驰〔馳〕	芜〔蕪〕	呒〔嘸〕	佣〔傭〕	闱〔闈〕	诉〔訴〕
犷〔獷〕	讼〔訟〕	纫〔紉〕	苇〔葦〕	县〔縣〕	伧〔傖〕	闲〔閑〕	诊〔診〕
犸〔獁〕	讽〔諷〕		芸〔蕓〕	里〔裏〕	彻〔徹〕	间〔間〕	诋〔詆〕
凫〔鳧〕	农〔農〕	**7 笔**	苈〔藶〕	呓〔囈〕	余〔餘〕	闵〔閔〕	诌〔謅〕
邬〔鄔〕	设〔設〕	【一】	苋〔莧〕	呕〔嘔〕	金〔僉〕	闷〔悶〕	词〔詞〕
饦〔飥〕	访〔訪〕	寿〔壽〕	苁〔蓯〕	园〔園〕	谷〔穀〕	灿〔燦〕	诎〔詘〕
饧〔餳〕	诀〔訣〕	麦〔麥〕	苍〔蒼〕	呖〔嚦〕	邻〔鄰〕	灶〔竈〕	诏〔詔〕
【丶】	【ㄱ】	玛〔瑪〕	严〔嚴〕	旷〔曠〕	肠〔腸〕	炀〔煬〕	译〔譯〕
壮〔壯〕	寻〔尋〕	进〔進〕	芦〔蘆〕	围〔圍〕	龟〔龜〕	沣〔灃〕	诒〔詒〕
冲〔衝〕	尽〔盡〕	远〔遠〕	劳〔勞〕	吨〔噸〕	犹〔猶〕	沤〔漚〕	【ㄱ】
妆〔妝〕	〔儘〕	违〔違〕	克〔剋〕	旸〔暘〕	狈〔狽〕	沥〔瀝〕	灵〔靈〕
庄〔莊〕	导〔導〕	韧〔韌〕	划〔劃〕	邮〔郵〕	鸠〔鳩〕	沦〔淪〕	层〔層〕
庆〔慶〕	孙〔孫〕	划〔劃〕	苏〔蘇〕	困〔睏〕	条〔條〕	沧〔滄〕	迟〔遲〕
刘〔劉〕	阵〔陣〕	运〔運〕	〔囌〕	员〔員〕	岛〔島〕	沨〔渢〕	张〔張〕
齐〔齊〕	阳〔陽〕	抚〔撫〕	极〔極〕	呗〔唄〕	邹〔鄒〕	沟〔溝〕	际〔際〕
产〔產〕	阶〔階〕	坛〔壇〕	杨〔楊〕	听〔聽〕	饨〔飩〕	沩〔溈〕	陆〔陸〕
闭〔閉〕	阴〔陰〕	〔罈〕	两〔兩〕	呛〔嗆〕	饩〔餼〕	沪〔滬〕	陇〔隴〕
问〔問〕	妇〔婦〕	抟〔摶〕	丽〔麗〕	鸣〔鳴〕	饪〔飪〕	沈〔瀋〕	陈〔陳〕
闯〔闖〕	妈〔媽〕	坏〔壞〕	医〔醫〕	别〔彆〕	饫〔飫〕	忧〔憮〕	坠〔墜〕
闰〔閏〕	戏〔戲〕	抠〔摳〕	励〔勵〕	财〔財〕	饬〔飭〕	怀〔懷〕	陉〔陘〕

妪〔嫗〕	瓯〔甌〕	郁〔鬱〕	〔嘗〕	侨〔僑〕	庞〔龐〕	试〔試〕	线〔綫〕
妩〔嫵〕	拢〔攏〕	矾〔礬〕	枣〔棗〕	侩〔儈〕	庙〔廟〕	诖〔註〕	绀〔紺〕
妈〔媽〕	拣〔揀〕	矿〔礦〕	尚〔歯〕	货〔貨〕	疟〔瘧〕	诗〔詩〕	绁〔紲〕
刭〔剄〕	垆〔壚〕	砀〔碭〕	帜〔幟〕	侪〔儕〕	疠〔癘〕	诘〔詰〕	绂〔紱〕
劲〔勁〕	担〔擔〕	码〔碼〕	岭〔嶺〕	依〔儂〕	疡〔瘍〕	诙〔詼〕	练〔練〕
鸡〔鷄〕	顶〔頂〕	厕〔厠〕	刿〔劌〕	质〔質〕	剂〔劑〕	诚〔誠〕	组〔組〕
纬〔緯〕	拥〔擁〕	奋〔奮〕	剀〔剴〕	征〔徵〕	废〔廢〕	郓〔鄆〕	驵〔駔〕
纭〔紜〕	势〔勢〕	态〔態〕	凯〔凱〕	径〔徑〕	闸〔閘〕	衬〔襯〕	绅〔紳〕
驱〔驅〕	拦〔攔〕	瓯〔甌〕	峄〔嶧〕	舍〔捨〕	闹〔鬧〕	祎〔禕〕	䌷〔紬〕
纯〔純〕	扤〔攩〕	欧〔歐〕	败〔敗〕	剑〔劍〕	郑〔鄭〕	视〔視〕	细〔細〕
纰〔紕〕	拧〔擰〕	殴〔毆〕	账〔賬〕	邹〔鄒〕	卷〔捲〕	诛〔誅〕	驶〔駛〕
纱〔紗〕	拨〔撥〕	垩〔堊〕	贩〔販〕	怂〔慫〕	单〔單〕	话〔話〕	驸〔駙〕
纲〔綱〕	择〔擇〕	郏〔郟〕	贬〔貶〕	籴〔糴〕	炜〔煒〕	诞〔誕〕	驷〔駟〕
纳〔納〕	茏〔蘢〕	轰〔轟〕	贮〔貯〕	觅〔覓〕	炝〔熗〕	诟〔詬〕	驹〔駒〕
纴〔紝〕	苹〔蘋〕	顷〔頃〕	贪〔貪〕	贪〔貪〕	炉〔爐〕	诠〔詮〕	终〔終〕
驳〔駁〕	茑〔蔦〕	转〔轉〕	图〔圖〕	贫〔貧〕	浅〔淺〕	诡〔詭〕	织〔織〕
纵〔縱〕	范〔範〕	轭〔軛〕	购〔購〕	饯〔餞〕	泷〔瀧〕	询〔詢〕	骀〔駘〕
纶〔綸〕	茔〔塋〕	斩〔斬〕	【丿】	肤〔膚〕	泸〔瀘〕	诣〔詣〕	绉〔縐〕
纷〔紛〕	茕〔煢〕	轮〔輪〕	钍〔釷〕	䏝〔膞〕	泺〔濼〕	诤〔諍〕	驻〔駐〕
纸〔紙〕	茎〔莖〕	软〔軟〕	钎〔釺〕	肿〔腫〕	泞〔濘〕	该〔該〕	绊〔絆〕
纹〔紋〕	枢〔樞〕	鸢〔鳶〕	钏〔釧〕	胀〔脹〕	泻〔瀉〕	详〔詳〕	驼〔駝〕
纺〔紡〕	枥〔櫪〕	【丨】	钐〔釤〕	肮〔骯〕	泽〔澤〕	诧〔詫〕	绋〔紼〕
驴〔驢〕	柜〔櫃〕	齿〔齒〕	钓〔釣〕	胁〔脅〕	泾〔涇〕	诨〔諢〕	绌〔絀〕
纼〔紖〕	枫〔楓〕	虏〔虜〕	钒〔釩〕	迩〔邇〕	怜〔憐〕	诩〔詡〕	绍〔紹〕
纽〔紐〕	枧〔梘〕	肾〔腎〕	钔〔鍆〕	鱼〔魚〕	㤘〔㥮〕	【一】	驿〔驛〕
纾〔紓〕	枨〔棖〕	贤〔賢〕	钕〔釹〕	狞〔獰〕	怿〔懌〕	肃〔肅〕	绎〔繹〕
8 笔	板〔闆〕	昙〔曇〕	钖〔鍚〕	备〔備〕	峃〔嶨〕	隶〔隸〕	经〔經〕
【一】	枞〔樅〕	国〔國〕	钗〔釵〕	枭〔梟〕	学〔學〕	录〔録〕	骃〔駰〕
玮〔瑋〕	松〔鬆〕	畅〔暢〕	制〔製〕	饯〔餞〕	宝〔寶〕	弥〔彌〕	绐〔紿〕
环〔環〕	枪〔槍〕	咙〔嚨〕	迭〔疊〕	饰〔飾〕	宠〔寵〕	〔瀰〕	贯〔貫〕
责〔責〕	枫〔楓〕	虮〔蟣〕	刮〔颳〕	饱〔飽〕	审〔審〕	陕〔陝〕	**9 笔**
现〔現〕	构〔構〕	黾〔黽〕	侠〔俠〕	饲〔飼〕	帘〔簾〕	驽〔駑〕	**【一】**
表〔錶〕	丧〔喪〕	鸣〔鳴〕	侥〔僥〕	饴〔飴〕	实〔實〕	驾〔駕〕	贰〔貳〕
玱〔瑲〕	画〔畫〕	咛〔嚀〕	侦〔偵〕	【丶】	诓〔誆〕	参〔参〕	帮〔幫〕
枣〔棗〕	枣〔棗〕	咝〔噝〕	侧〔側〕	变〔變〕	诔〔誄〕	艰〔艱〕	珑〔瓏〕
规〔規〕	卖〔賣〕	罗〔羅〕	凭〔憑〕				

顶〔頂〕	胡〔鬍〕	软〔軟〕	哝〔噥〕	毡〔氊〕	饶〔饒〕	炽〔熾〕	袄〔襖〕
拔〔撥〕	荩〔藎〕	轷〔軤〕	哟〔喲〕	氢〔氫〕	蚀〔蝕〕	烁〔爍〕	诮〔誚〕
垭〔埡〕	苏〔蘇〕	轸〔軫〕	峡〔峽〕	选〔選〕	饷〔餉〕	烂〔爛〕	袯〔襏〕
挝〔撾〕	荫〔蔭〕	轹〔轢〕	峣〔嶢〕	适〔適〕	饸〔餄〕	烃〔烴〕	误〔誤〕
赳〔赳〕	荚〔莢〕	轺〔軺〕	帧〔幀〕	种〔種〕	饹〔餎〕	洼〔窪〕	浩〔誥〕
项〔項〕	苋〔莧〕	轻〔輕〕	罚〔罰〕	秋〔鞦〕	饺〔餃〕	洁〔潔〕	诱〔誘〕
挞〔撻〕	莳〔蒔〕	鸦〔鴉〕	峤〔嶠〕	复〔復〕	饻〔餏〕	洒〔灑〕	海〔誨〕
挟〔挾〕	药〔藥〕	虿〔蠆〕	贱〔賤〕	〔複〕	饼〔餅〕	挞〔澾〕	诳〔誑〕
挠〔撓〕	标〔標〕	〔|〕	贴〔貼〕	〔覆〕	〔、〕	浃〔浹〕	鸩〔鴆〕
赵〔趙〕	栈〔棧〕	战〔戰〕	贶〔貺〕	笃〔篤〕	峦〔巒〕	浇〔澆〕	说〔說〕
贡〔貢〕	栉〔櫛〕	觇〔覘〕	贻〔貽〕	俦〔儔〕	弯〔彎〕	浈〔湞〕	诵〔誦〕
挡〔擋〕	栊〔櫳〕	点〔點〕	〔丿〕	俨〔儼〕	孪〔孿〕	狮〔獅〕	诶〔誒〕
垲〔塏〕	栋〔棟〕	临〔臨〕	钘〔鈃〕	俩〔倆〕	娈〔孌〕	浊〔濁〕	〔¬〕
挢〔撟〕	栌〔櫨〕	览〔覽〕	钙〔鈣〕	俪〔儷〕	将〔將〕	测〔測〕	垦〔墾〕
垫〔墊〕	栎〔櫟〕	竖〔豎〕	钚〔鈈〕	贷〔貸〕	奖〔獎〕	浍〔澮〕	昼〔晝〕
挤〔擠〕	栏〔欄〕	尝〔嘗〕	钛〔鈦〕	顺〔順〕	疬〔癧〕	浏〔瀏〕	费〔費〕
挥〔揮〕	柠〔檸〕	眍〔瞘〕	钇〔釔〕	俭〔儉〕	疮〔瘡〕	济〔濟〕	逊〔遜〕
挦〔撏〕	柽〔檉〕	昽〔曨〕	钝〔鈍〕	剑〔劍〕	疯〔瘋〕	浐〔滻〕	陨〔隕〕
荐〔薦〕	树〔樹〕	哑〔啞〕	钞〔鈔〕	鸧〔鶬〕	亲〔親〕	浑〔渾〕	险〔險〕
荙〔薘〕	鸧〔鴣〕	显〔顯〕	钟〔鐘〕	须〔須〕	飒〔颯〕	浒〔滸〕	贺〔賀〕
贲〔賁〕	郐〔鄶〕	哒〔噠〕	〔鍾〕	〔鬚〕	闺〔閨〕	浓〔濃〕	怼〔懟〕
荛〔蕘〕	咸〔鹹〕	晓〔嘵〕	钡〔鋇〕	胧〔朧〕	闻〔聞〕	浔〔潯〕	垒〔壘〕
荜〔蓽〕	砖〔磚〕	哔〔嗶〕	钢〔鋼〕	胨〔腖〕	闼〔闥〕	浕〔濜〕	娅〔婭〕
带〔帶〕	砗〔硨〕	贵〔貴〕	钠〔鈉〕	胪〔臚〕	闽〔閩〕	恸〔慟〕	娆〔嬈〕
茧〔繭〕	砚〔硯〕	虾〔蝦〕	钥〔鑰〕	胆〔膽〕	闾〔閭〕	恹〔懨〕	娇〔嬌〕
荞〔蕎〕	砜〔碸〕	蚁〔蟻〕	钦〔欽〕	胜〔勝〕	闿〔闓〕	恺〔愷〕	绑〔綁〕
荟〔薈〕	面〔麵〕	蚂〔螞〕	钧〔鈞〕	胫〔脛〕	阀〔閥〕	恻〔惻〕	绒〔絨〕
荠〔薺〕	牵〔牽〕	虽〔雖〕	钤〔鈐〕	鸨〔鴇〕	阁〔閣〕	恼〔惱〕	结〔結〕
荡〔蕩〕	鸥〔鷗〕	骂〔罵〕	钨〔鎢〕	狭〔狹〕	阐〔闐〕	恽〔惲〕	绔〔絝〕
垩〔堊〕	䶮〔龑〕	哕〔噦〕	钩〔鉤〕	狮〔獅〕	阂〔閡〕	举〔舉〕	骁〔驍〕
荣〔榮〕	残〔殘〕	剐〔剮〕	钪〔鈧〕	独〔獨〕	养〔養〕	觉〔覺〕	绕〔繞〕
荤〔葷〕	殇〔殤〕	郧〔鄖〕	钫〔鈁〕	狯〔獪〕	姜〔薑〕	宪〔憲〕	经〔經〕
荥〔滎〕	轱〔軲〕	勋〔勛〕	钬〔鈥〕	狱〔獄〕	类〔類〕	窃〔竊〕	骄〔驕〕
荦〔犖〕	轲〔軻〕	哗〔嘩〕	钭〔鈄〕	狲〔猻〕	娄〔婁〕	诚〔誠〕	骅〔驊〕
荧〔熒〕	轳〔轤〕	响〔響〕	钮〔鈕〕	贸〔貿〕	总〔總〕	诞〔誕〕	骈〔駢〕
荨〔蕁〕	轴〔軸〕	哙〔噲〕	钯〔鈀〕	饵〔餌〕	炼〔煉〕	语〔語〕	绘〔繪〕

骆〔駱〕	莱〔萊〕	顿〔頓〕	〔丿〕	觅〔覓〕	挛〔攣〕	涧〔澗〕	娲〔媧〕
骈〔駢〕	莲〔蓮〕	毙〔斃〕	钰〔鈺〕	笔〔筆〕	恋〔戀〕	张〔張〕	娴〔嫻〕
绞〔絞〕	莳〔蒔〕	毙〔斃〕	钱〔錢〕	债〔債〕	桨〔槳〕	烫〔燙〕	难〔難〕
骇〔駭〕	莴〔萵〕	致〔緻〕	钲〔鉦〕	借〔藉〕	浆〔漿〕	涩〔澀〕	预〔預〕
统〔統〕	获〔獲〕	〔丨〕	钳〔鉗〕	倾〔傾〕	症〔癥〕	悭〔慳〕	绠〔綆〕
绗〔絎〕	〔穫〕	龀〔齔〕	钻〔鑽〕	赁〔賃〕	痈〔癰〕	悯〔憫〕	骊〔驪〕
给〔給〕	莸〔蕕〕	鸮〔鴞〕	钵〔缽〕	顾〔顧〕	斋〔齋〕	宽〔寬〕	绡〔綃〕
绚〔絢〕	恶〔惡〕	虑〔慮〕	钶〔鈳〕	徕〔徠〕	痉〔痙〕	家〔傢〕	骋〔騁〕
绛〔絳〕	〔噁〕	监〔監〕	钷〔鉕〕	舰〔艦〕	准〔準〕	宾〔賓〕	绢〔絹〕
络〔絡〕	劳〔勞〕	紧〔緊〕	钹〔鈸〕	舱〔艙〕	离〔離〕	窍〔竅〕	绣〔綉〕
绝〔絕〕	莹〔瑩〕	党〔黨〕	钺〔鉞〕	耸〔聳〕	顽〔頑〕	窎〔窵〕	验〔驗〕
	莺〔鶯〕	唛〔嘜〕	钻〔鑽〕	爱〔愛〕	资〔資〕	请〔請〕	绥〔綏〕
10 笔	鸪〔鴣〕	晒〔曬〕	钼〔鉬〕	鸰〔鴒〕	竞〔競〕	诸〔諸〕	继〔繼〕
〔一〕	莼〔蒓〕	晓〔曉〕	钽〔鉭〕	颁〔頒〕	阃〔閫〕	诹〔諏〕	绯〔緋〕
艳〔艷〕	桡〔橈〕	唢〔嗩〕	钾〔鉀〕	颂〔頌〕	阄〔鬮〕	诺〔諾〕	骆〔駱〕
项〔項〕	桢〔楨〕	唠〔嘮〕	铀〔鈾〕	脍〔膾〕	阅〔閱〕	诼〔諑〕	骏〔駿〕
珲〔琿〕	档〔檔〕	鸭〔鴨〕	钿〔鈿〕	脏〔臟〕	阆〔閬〕	读〔讀〕	鸶〔鷥〕
蚕〔蠶〕	桤〔榿〕	唡〔啢〕	铁〔鐵〕	〔髒〕		诽〔誹〕	
顽〔頑〕	桥〔橋〕	晔〔曄〕	铂〔鉑〕	脐〔臍〕	郸〔鄲〕	袜〔襪〕	**11 笔**
盏〔盞〕	桦〔樺〕	晕〔暈〕	铃〔鈴〕	脑〔腦〕	烦〔煩〕	祯〔禎〕	〔一〕
捞〔撈〕	桧〔檜〕	鸮〔鴞〕	铄〔鑠〕	胶〔膠〕	烧〔燒〕	课〔課〕	焘〔燾〕
载〔載〕	桩〔樁〕	唢〔嗩〕	铅〔鉛〕	脓〔膿〕	烛〔燭〕	诿〔諉〕	琎〔璡〕
赶〔趕〕	样〔樣〕	唣〔唕〕	铆〔鉚〕	鸱〔鴟〕	烨〔燁〕	谀〔諛〕	琏〔璉〕
盐〔鹽〕	贾〔賈〕	蚬〔蜆〕	铈〔鈰〕	玺〔璽〕	烩〔燴〕	谁〔誰〕	琐〔瑣〕
埘〔塒〕	逦〔邐〕	鸯〔鴦〕	铉〔鉉〕	鱽〔魛〕	烬〔燼〕	谂〔諗〕	麸〔麩〕
损〔損〕	砺〔礪〕	崂〔嶗〕	铊〔鉈〕	鸵〔鴕〕	递〔遞〕	调〔調〕	掳〔擄〕
埙〔塤〕	砾〔礫〕	崃〔崍〕	铋〔鉍〕	袅〔裊〕	涛〔濤〕	谄〔諂〕	掴〔摑〕
埚〔堝〕	础〔礎〕	罢〔罷〕	铌〔鈮〕	鸳〔鴛〕	涝〔澇〕	谅〔諒〕	鸷〔鷙〕
捡〔撿〕	硁〔硜〕	圆〔圓〕	铍〔鈹〕	皱〔皺〕	涞〔淶〕	谆〔諄〕	掷〔擲〕
贽〔贄〕	顾〔顧〕	觊〔覬〕	铎〔鐸〕	饽〔餑〕	涟〔漣〕	谇〔誶〕	掸〔撣〕
挚〔摯〕	轼〔軾〕	贼〔賊〕	铎〔鐸〕	饿〔餓〕	涠〔潿〕	谈〔談〕	壸〔壼〕
热〔熱〕	轻〔輕〕	贿〔賄〕	氩〔氬〕	饺〔餃〕	涢〔溳〕	谊〔誼〕	悫〔慤〕
捣〔搗〕	轿〔轎〕	赂〔賂〕	牺〔犧〕	馁〔餒〕	涡〔渦〕	谝〔諞〕	据〔據〕
壶〔壺〕	辂〔輅〕	赃〔贓〕	敌〔敵〕	〔丶〕	涂〔塗〕	〔一〕	掺〔摻〕
聂〔聶〕	较〔較〕	赅〔賅〕	积〔積〕	栾〔欒〕	涤〔滌〕	恳〔懇〕	掼〔摜〕
	鸫〔鶇〕	赆〔贐〕	称〔稱〕		润〔潤〕	剧〔劇〕	

职〔職〕	颅〔顱〕	铣〔銑〕	鹃〔鵑〕	渍〔漬〕	谛〔諦〕	综〔綜〕	觋〔覡〕
聍〔聹〕	喷〔噴〕	铒〔鉺〕	鸯〔鴦〕	鸿〔鴻〕	谜〔謎〕	绽〔綻〕	硷〔鹼〕
萚〔蘀〕	悬〔懸〕	铤〔鋌〕	鸰〔鴒〕	浃〔浹〕	谝〔諞〕	绾〔綰〕	确〔確〕
勚〔勩〕	啧〔嘖〕	铧〔鏵〕	敛〔斂〕	渐〔漸〕	谞〔諝〕	绿〔綠〕	詟〔聾〕
萝〔蘿〕	跃〔躍〕	铨〔銓〕	领〔領〕	渑〔澠〕		骖〔驂〕	殚〔殫〕
萤〔螢〕	啮〔嚙〕	铩〔鎩〕	脶〔膼〕	渊〔淵〕	【一】	缀〔綴〕	颇〔頗〕
营〔營〕	跄〔蹌〕	铪〔鉿〕	脸〔臉〕	渔〔漁〕	弹〔彈〕	缁〔緇〕	厣〔厴〕
萦〔縈〕	蛎〔蠣〕	铫〔銚〕	象〔像〕	淀〔澱〕	堕〔墮〕		辊〔輥〕
萧〔蕭〕	蛊〔蠱〕	铭〔銘〕	猎〔獵〕	渗〔滲〕	随〔隨〕	12笔	辋〔輞〕
萨〔薩〕	蛏〔蟶〕	铬〔鉻〕	猡〔玀〕	惬〔愜〕	粜〔糶〕		椠〔槧〕
梦〔夢〕	累〔纍〕	铮〔錚〕	猕〔獼〕	惭〔慚〕	隐〔隱〕	【一】	暂〔暫〕
觋〔覡〕	啸〔嘯〕	铯〔銫〕	馃〔餜〕	惧〔懼〕	婳〔嫿〕	靓〔靚〕	辍〔輟〕
检〔檢〕	帻〔幘〕	铰〔鉸〕	馄〔餛〕	惊〔驚〕	婵〔嬋〕	琼〔瓊〕	辎〔輜〕
棂〔欞〕	崭〔嶄〕	铱〔銥〕	馅〔餡〕	惮〔憚〕	婶〔嬸〕	辇〔輦〕	翘〔翹〕
啬〔嗇〕	逻〔邏〕	铲〔鏟〕	馆〔館〕	惨〔慘〕	颇〔頗〕	鼋〔黿〕	
匮〔匱〕	帼〔幗〕	铳〔銃〕		惯〔慣〕	颈〔頸〕	趋〔趨〕	【丨】
酝〔醞〕	赈〔賑〕	铵〔銨〕	【丶】	祷〔禱〕	揽〔攬〕	辈〔輩〕
厣〔厴〕	婴〔嬰〕	银〔銀〕	鸾〔鸞〕	谌〔諶〕	颉〔頡〕	凿〔鑿〕
硕〔碩〕	赊〔賒〕	铷〔銣〕	庼〔廎〕	绪〔緒〕	揿〔撳〕	辉〔輝〕
硖〔硤〕		矫〔矯〕	痒〔癢〕	谋〔謀〕	绫〔綾〕	赏〔賞〕
硗〔磽〕	【丿】	鸹〔鴰〕	鸡〔鵁〕	谍〔諜〕	骐〔騏〕	睐〔睞〕
砚〔硯〕	铏〔鉶〕	秽〔穢〕	旋〔鏇〕	谎〔謊〕	续〔續〕	脸〔臉〕
硙〔磑〕	铐〔銬〕	笺〔箋〕	阈〔閾〕	谏〔諫〕	绮〔綺〕	喷〔噴〕
硚〔礄〕	铑〔銠〕	笼〔籠〕	阉〔閹〕	皲〔皸〕	骑〔騎〕	畴〔疇〕
聋〔聾〕	铒〔鉺〕	笾〔籩〕	阊〔閶〕	谐〔諧〕	绯〔緋〕	践〔踐〕
龚〔龔〕	铓〔鋩〕	偾〔僨〕	阋〔鬩〕	谑〔謔〕	绰〔綽〕	遗〔遺〕
袭〔襲〕	铕〔銪〕	铗〔鋏〕	阌〔閺〕	骒〔騍〕	骔〔騌〕	蛱〔蛺〕
䴕〔鴷〕	铗〔鋏〕	铙〔鐃〕	阍〔閽〕	祸〔禍〕	绲〔緄〕	蛲〔蟯〕
殒〔殞〕	铛〔鐺〕	偿〔償〕	阎〔閻〕	谒〔謁〕	绳〔繩〕	蛳〔螄〕
殓〔殮〕	铝〔鋁〕	偻〔僂〕	阏〔閼〕	谓〔謂〕	骓〔騅〕	蛴〔蠐〕
赍〔賫〕	铜〔銅〕	躯〔軀〕	阐〔闡〕	谔〔諤〕	维〔維〕	鹃〔鵑〕
辄〔輒〕	铡〔鍘〕	皑〔皚〕	羟〔羥〕	谕〔諭〕	绵〔綿〕	㭎〔棡〕
辅〔輔〕	锈〔銹〕	衅〔釁〕	盖〔蓋〕	谖〔諼〕	绶〔綬〕	椤〔欏〕
辆〔輛〕	铟〔銦〕	鸻〔鴴〕	粝〔糲〕	逸〔譀〕	绷〔繃〕	赍〔賫〕
堑〔塹〕	铠〔鎧〕	衔〔銜〕	断〔斷〕	谘〔諮〕	绸〔綢〕	椭〔橢〕
	铨〔鐘〕	舻〔艫〕	兽〔獸〕	谙〔諳〕	绺〔綹〕	鹁〔鵓〕
【丨】	铢〔銖〕	盘〔盤〕	焖〔燜〕	谚〔諺〕	绻〔綣〕	鹀〔鵐〕
						赋〔賦〕
						赌〔賭〕

赌〔賭〕	鹅〔鵝〕	废〔廢〕	屡〔屢〕	摄〔攝〕	【丨】	锯〔鋸〕	【丶】
赎〔贖〕	颊〔頰〕	颏〔頦〕	骂〔罵〕	摅〔攄〕	频〔頻〕	锰〔錳〕	酱〔醬〕
赐〔賜〕	鹇〔鷳〕	鹇〔鷳〕	虢〔虢〕	摆〔擺〕	龃〔齟〕	锱〔錙〕	鹑〔鶉〕
赒〔賙〕	筚〔篳〕	阒〔闃〕	氇〔氌〕	〔襬〕	龄〔齡〕	辞〔辭〕	瘅〔癉〕
赔〔賠〕	筛〔篩〕	阕〔闋〕	犟〔犟〕	赪〔赬〕	鲍〔鮑〕	颓〔頹〕	瘆〔瘮〕
赕〔賧〕	牍〔牘〕	阌〔閿〕	鹜〔鶩〕	摈〔擯〕	韶〔韶〕	䅉〔䅉〕	鹒〔鶊〕
【丿】	傥〔儻〕	阔〔闊〕	缂〔緙〕	毂〔轂〕	鉴〔鑒〕	筹〔籌〕	阘〔闒〕
铸〔鑄〕	傧〔儐〕	粪〔糞〕	缃〔緗〕	摊〔攤〕	鹊〔鵲〕	签〔簽〕	阗〔闐〕
锊〔鋝〕	储〔儲〕	鹓〔鵷〕	缄〔緘〕	鹊〔鵲〕	嗫〔囁〕	〔籤〕	阙〔闕〕
铺〔鋪〕	傩〔儺〕	窜〔竄〕	缅〔緬〕	蓝〔藍〕	跷〔蹺〕	简〔簡〕	誊〔謄〕
铼〔錸〕	惩〔懲〕	窝〔窩〕	缆〔纜〕	蓦〔驀〕	跸〔蹕〕	觎〔覦〕	粮〔糧〕
铽〔鋱〕	御〔禦〕	誉〔譽〕	缇〔緹〕	鹋〔鶓〕	跻〔躋〕	颔〔頷〕	数〔數〕
链〔鏈〕	颌〔頜〕	颔〔頷〕	缈〔緲〕	莳〔蒔〕	跹〔躚〕	腻〔膩〕	滟〔灧〕
铿〔鏗〕	愤〔憤〕	愤〔憤〕	缉〔緝〕	蒙〔矇〕	蜗〔蝸〕	鹏〔鵬〕	溅〔濺〕
销〔銷〕	释〔釋〕	鹆〔鵒〕	滞〔滯〕	缊〔縕〕	〔濛〕	嗳〔噯〕	腾〔騰〕
锁〔鎖〕	腊〔臘〕	滞〔滯〕	湿〔濕〕	缌〔緦〕	〔懞〕	赗〔賵〕	满〔滿〕
锃〔鋥〕	腘〔膕〕	溃〔潰〕	溃〔潰〕	缎〔緞〕	颐〔頤〕	【丿】	滤〔濾〕
锄〔鋤〕	鱿〔魷〕	溅〔濺〕	缑〔緱〕	献〔獻〕	错〔錯〕	鲇〔鮎〕	滥〔濫〕
锂〔鋰〕	鲁〔魯〕	溇〔漊〕	缒〔縋〕	颍〔潁〕	锗〔鍺〕	鲈〔鱸〕	滗〔潷〕
锅〔鍋〕	鲂〔魴〕	湾〔灣〕	缓〔緩〕	榄〔欖〕	锚〔錨〕	鲊〔鮓〕	漓〔灕〕
锆〔鋯〕	颖〔穎〕	谟〔謨〕	缔〔締〕	椟〔櫝〕	锛〔錛〕	稣〔穌〕	滨〔濱〕
锇〔鋨〕	飓〔颶〕	裢〔褳〕	缕〔縷〕	椤〔欏〕	锝〔鍀〕	鲋〔鮒〕	滩〔灘〕
锈〔銹〕	觞〔觴〕	裣〔襝〕	骗〔騙〕	楼〔樓〕	锞〔錁〕	䲟〔鮣〕	预〔預〕
铞〔銼〕	惫〔憊〕	裤〔褲〕	编〔編〕	榉〔櫸〕	锟〔錕〕	鲍〔鮑〕	慑〔懾〕
锋〔鋒〕	馇〔餷〕	裥〔襇〕	缗〔緡〕	赖〔賴〕	锡〔錫〕	鲏〔鮍〕	誉〔譽〕
锌〔鋅〕	馈〔饋〕	禅〔禪〕	骚〔騷〕	碛〔磧〕	锡〔錫〕	鲐〔鮐〕	鲨〔鯊〕
锎〔鐦〕	馉〔餶〕	谠〔讜〕	缘〔緣〕	碍〔礙〕	锢〔錮〕	颖〔穎〕	寞〔寠〕
锏〔鐧〕	馊〔餿〕	谡〔謖〕	飨〔饗〕	碜〔磣〕	锣〔鑼〕	飔〔颸〕	寝〔寢〕
锐〔銳〕	馋〔饞〕	谢〔謝〕	**13 笔**	鹌〔鵪〕	锤〔錘〕	飕〔颼〕	窥〔窺〕
锑〔銻〕	【丶】	谣〔謠〕	【一】	尴〔尷〕	锥〔錐〕	飑〔颮〕	窦〔竇〕
银〔銀〕	亵〔褻〕	谤〔謗〕	耢〔耮〕	殡〔殯〕	锦〔錦〕	触〔觸〕	谨〔謹〕
铰〔鋯〕	装〔裝〕	谥〔謚〕	鹉〔鵡〕	雾〔霧〕	锁〔鑕〕	雏〔雛〕	漫〔謾〕
铜〔鋦〕	蛮〔蠻〕	谦〔謙〕	鹊〔鵲〕	辏〔輳〕	钣〔鈖〕	傅〔餺〕	谪〔謫〕
锎〔鑭〕	脔〔臠〕	谧〔謐〕	辊〔輥〕	辑〔輯〕	锫〔錇〕	馍〔饃〕	谫〔譾〕
犊〔犢〕	痨〔癆〕	【㇆】	鹘〔鶻〕	辒〔輼〕	锭〔錠〕	馏〔餾〕	谬〔謬〕
鹄〔鵠〕	痫〔癇〕	属〔屬〕	骜〔驁〕	输〔輸〕	键〔鍵〕	馐〔饈〕	【㇆】

辟〔闢〕	傧〔儐〕	锷〔鍔〕	谨〔謹〕	缪〔繆〕	蝾〔蠑〕	馔〔饌〕	鳌〔鰲〕
嫒〔嬡〕	裢〔褳〕	锹〔鍬〕	馒〔饅〕	缫〔繰〕	蝼〔螻〕	【、】	辙〔轍〕
嫔〔嬪〕	酽〔釅〕	锸〔鍤〕		15笔	噜〔嚕〕	瘪〔癟〕	辚〔轔〕
缙〔縉〕	酾〔釃〕	锻〔鍛〕	瘗〔瘞〕	【一】	嘿〔噁〕	瘫〔癱〕	【丨】
缜〔縝〕	酿〔釀〕	锼〔鎪〕	瘘〔瘻〕	耧〔耬〕	颞〔顳〕	斋〔齋〕	龌〔齷〕
缚〔縛〕	霁〔霽〕	锾〔鍰〕		璎〔瓔〕	【丿】	颜〔顔〕	蜡〔蠟〕
缛〔縟〕	愿〔願〕	锵〔鏘〕	阂〔闔〕	叇〔靆〕	锲〔鍥〕	鹙〔鶖〕	鹛〔鶥〕
辔〔轡〕	殡〔殯〕	银〔鋃〕	鲞〔鯗〕	撵〔攆〕	镇〔鎮〕	鲨〔鯊〕	赠〔贈〕
缝〔縫〕	辕〔轅〕	镀〔鍍〕	鲞〔鯗〕	撷〔擷〕	镉〔鎘〕	澜〔瀾〕	【丿】
骝〔騮〕	辖〔轄〕	镁〔鎂〕	榛〔榛〕	撺〔攛〕	锐〔鋭〕	额〔額〕	锗〔鐯〕
缞〔縗〕	辗〔輾〕	镂〔鏤〕	鹉〔鵡〕	撄〔撄〕	镋〔钂〕	谳〔讞〕	镖〔鏢〕
缟〔縞〕	【丨】	镃〔鎡〕	潇〔瀟〕	聩〔聵〕	镍〔鎳〕	褴〔襤〕	镗〔鏜〕
缠〔纏〕	龈〔齦〕	镄〔鐨〕	漱〔漱〕	聪〔聰〕	锋〔鋒〕	谴〔譴〕	镘〔鏝〕
缡〔縭〕	龈〔齦〕	锅〔鋦〕	潍〔濰〕	觐〔覲〕	镏〔鎦〕	鹤〔鶴〕	镚〔鏰〕
缢〔縊〕	鹌〔鵪〕	鹚〔鶿〕	赛〔賽〕	鞑〔韃〕	镐〔鎬〕	谵〔譫〕	镛〔鏞〕
缣〔縑〕	颗〔顆〕	稳〔穩〕	窭〔窶〕	鞒〔鞽〕	镑〔鎊〕	【フ】	镜〔鏡〕
缤〔繽〕	瞆〔瞶〕	箦〔簀〕	谭〔譚〕	蕲〔蘄〕	镒〔鎰〕	屦〔屨〕	镝〔鏑〕
骟〔騸〕	暖〔曖〕	箧〔篋〕	潜〔潛〕	赜〔賾〕	镓〔鎵〕	缬〔纈〕	镞〔鏃〕
	鹘〔鶻〕	箨〔籜〕	裢〔褳〕	蕴〔藴〕	镔〔鑌〕	缭〔繚〕	氇〔氌〕
14笔	跻〔躋〕	箩〔籮〕	楼〔樓〕	樯〔檣〕	镉〔鎬〕	缮〔繕〕	赞〔贊〕
【一】	踊〔踴〕	箪〔簞〕	谯〔譙〕	樱〔櫻〕	篑〔簣〕	缯〔繒〕	穑〔穡〕
瑷〔璦〕	蜡〔蠟〕	箓〔籙〕	谰〔讕〕	飘〔飄〕	篓〔簍〕		篮〔籃〕
赘〔贅〕	蝈〔蟈〕	箫〔簫〕	谱〔譜〕	靥〔靨〕	鸥〔鷗〕	16笔	篱〔籬〕
觏〔覯〕	蝇〔蠅〕	舆〔輿〕	谲〔譎〕	魇〔魘〕	鹡〔鶺〕	【一】	魉〔魎〕
韬〔韜〕	蝉〔蟬〕	膑〔臏〕		餍〔饜〕	鹞〔鷂〕	耩〔耩〕	鲭〔鯖〕
叆〔靉〕	鹗〔鶚〕	鲑〔鮭〕	鹛〔鶓〕	磔〔磔〕	鲠〔鯁〕	撒〔撒〕	鲮〔鯪〕
墙〔墻〕	嘤〔嚶〕	鲒〔鮚〕	嫱〔嬙〕	辘〔轆〕	鲡〔鱺〕	颠〔顛〕	鲰〔鯫〕
撄〔攖〕	黑〔黑〕	鲔〔鮪〕	鸳〔鴛〕	【丨】	链〔鏈〕	颟〔顢〕	鲱〔鯡〕
蔷〔薔〕	赙〔賻〕	鲖〔鮦〕	骠〔驃〕	龉〔齬〕	鲥〔鰣〕	薮〔藪〕	鲲〔鯤〕
蔑〔衊〕	罂〔罌〕	鲗〔鰂〕	缦〔縵〕	龊〔齪〕	鲤〔鯉〕	颠〔顛〕	鲳〔鯧〕
蔹〔蘞〕	赚〔賺〕	鲙〔鱠〕	骡〔騾〕	觑〔覷〕	鲦〔鰷〕	橹〔櫓〕	鲵〔鯢〕
蔺〔藺〕	鹘〔鶻〕	鲚〔鱭〕	缧〔縲〕	瞒〔瞞〕	鲧〔鯀〕	橼〔櫞〕	鲶〔鯰〕
蔼〔藹〕	【丿】	鲛〔鮫〕	缨〔纓〕	题〔題〕	鲨〔鰲〕	鹭〔鷺〕	鲷〔鯛〕
鹕〔鶘〕	锲〔鍥〕	鲜〔鮮〕	缫〔繅〕	颙〔顒〕	鲩〔鯇〕	赝〔贋〕	鲸〔鯨〕
槚〔檟〕	错〔錯〕	鲟〔鱘〕	骢〔驄〕	踬〔躓〕	鲫〔鯽〕	飙〔飆〕	鲻〔鯔〕
槛〔檻〕	锶〔鍶〕	飏〔颺〕	缩〔縮〕	踯〔躑〕	澂〔澂〕	豮〔豶〕	獭〔獺〕

【丶】	薛〔薛〕	锵〔鏘〕	【一】	镱〔鐿〕	【丨】	骥〔驥〕	21笔
鹧〔鷓〕	鹨〔鷚〕	锾〔鍰〕	鹡〔鶺〕	雠〔讎〕	鉴〔鑒〕	缵〔纘〕	颦〔顰〕
瘪〔癟〕	【丨】	镫〔鐙〕	聚〔騣〕	膦〔臏〕	蹲〔蹲〕	20笔	躏〔躪〕
瘾〔癮〕	龋〔齲〕	簖〔籪〕	18笔	巅〔巔〕	20笔	镳〔鑣〕
斓〔斕〕	龌〔齷〕	鹩〔鷯〕		髋〔髖〕	【一】	鳢〔鱧〕
辩〔辯〕	瞩〔矚〕	鳍〔鰭〕	【一】	髌〔髕〕	瓒〔瓚〕	癫〔癲〕
濑〔瀨〕	蹒〔蹣〕	鲽〔鰈〕	鳌〔鰲〕	【丿】	鬓〔鬢〕	赣〔贛〕
濒〔瀕〕	蹑〔躡〕	鳃〔鰓〕	鞯〔韉〕	镣〔鐐〕	颥〔顬〕	灏〔灝〕
懒〔懶〕	蟏〔蠨〕	鳄〔鰐〕	黡〔黶〕	镴〔鑞〕	【丨】	22笔
黉〔黌〕	啴〔囅〕	鳅〔鰍〕	【丨】	鳞〔鱗〕	鼍〔鼉〕	鹳〔鸛〕
【一】	羁〔羈〕	鳆〔鰒〕	黩〔黷〕	鳘〔鰵〕	跻〔躋〕	镶〔鑲〕
鹨〔鷺〕	赡〔贍〕	鳇〔鰉〕	颢〔顥〕	鳔〔鰾〕	【丿】	23笔
缰〔繮〕	【丿】	鳌〔鰲〕	鹭〔鷺〕	镛〔鏞〕	镲〔鑔〕	趱〔趲〕
缱〔繾〕	镢〔鐝〕	鳎〔鰨〕	簪〔簪〕	鳎〔鰳〕	籁〔籟〕	颧〔顴〕
缲〔繰〕	镣〔鐐〕	鳊〔鯿〕	【丶】	臆〔臆〕	鳐〔鰩〕	蹟〔躦〕
缳〔繯〕	镤〔鏷〕	【丶】	鹰〔鷹〕	鳐〔鰩〕	鳐〔鰩〕	25笔
缴〔繳〕	镥〔鑥〕	鹫〔鷲〕	癞〔癩〕	【丶】	鳞〔鱗〕	镎〔鑹〕
17笔	镦〔鐓〕	镪〔鏹〕	冁〔囅〕	颜〔顔〕	鳟〔鱒〕	馕〔饢〕
	镧〔鑭〕	辫〔辮〕	谵〔譫〕	癣〔癬〕	【一】	戆〔戇〕
【一】	镨〔鐠〕	赢〔贏〕	【一】		骧〔驤〕	
	错〔錯〕	懑〔懣〕	攒〔攢〕	谶〔讖〕		
		镰〔鐮〕	霭〔靄〕			

繁体 → 简体

从繁体查简体

7笔

〔車〕车
〔夾〕夹
〔貝〕贝
〔見〕见
〔壯〕壮
〔妝〕妆

8笔

【一】

〔長〕长
〔亞〕亚
〔軋〕轧
〔東〕东
〔兩〕两
〔協〕协
〔來〕来
〔戔〕戋

【丨】

〔門〕门
〔岡〕冈

【丿】

〔侖〕仑
〔兒〕儿

【㇇】

〔狀〕状

9笔

〔糾〕纠

【一】

〔剋〕克
〔軌〕轨
〔厙〕厍
〔頁〕页
〔郟〕郏
〔到〕到
〔勁〕劲

【丨】

〔貞〕贞
〔則〕则
〔閂〕闩
〔迴〕回

【丿】

〔俠〕侠
〔係〕系
〔兗〕兖
〔帥〕帅
〔後〕后
〔釓〕钆
〔釔〕钇
〔負〕负
〔風〕风

【丶】

〔訂〕订
〔計〕计
〔訃〕讣
〔軍〕军
〔祇〕只

【㇇】

〔陣〕阵
〔韋〕韦
〔陝〕陕
〔陘〕陉
〔飛〕飞
〔紆〕纡
〔紅〕红
〔紂〕纣
〔紈〕纨
〔級〕级
〔約〕约
〔紇〕纥
〔紀〕纪
〔紉〕纫

10笔

【一】

〔馬〕马
〔挾〕挟
〔貢〕贡

〔華〕华
〔莢〕荚
〔莖〕茎
〔莧〕苋
〔莊〕庄
〔軒〕轩
〔連〕连
〔軔〕轫
〔劃〕划

【丨】

〔鬥〕斗
〔時〕时
〔畢〕毕
〔財〕财
〔貶〕贬
〔閃〕闪
〔唄〕呗
〔員〕员
〔豈〕岂
〔峽〕峡
〔峴〕岘
〔剛〕刚
〔剮〕剐

【丿】

〔氣〕气
〔郵〕邮
〔倀〕伥

〔倆〕俩
〔條〕条
〔們〕们
〔個〕个
〔倫〕伦
〔隻〕只
〔鳥〕鸟
〔烏〕乌
〔師〕师
〔徑〕径
〔釘〕钉
〔針〕针
〔釗〕钊
〔釙〕钋
〔釕〕钌
〔殺〕杀
〔倉〕仓
〔脅〕胁
〔狹〕狭
〔狽〕狈
〔芻〕刍

【丶】

〔訐〕讦
〔訌〕讧
〔討〕讨
〔訕〕讪
〔訖〕讫
〔訓〕训
〔這〕这
〔㐫〕伥

〔訊〕讯
〔記〕记
〔們〕们
〔凍〕冻
〔畝〕亩
〔庫〕库
〔浹〕浃
〔涇〕泾

【㇇】

〔書〕书
〔陸〕陆
〔陳〕陈
〔孫〕孙
〔陰〕阴
〔務〕务
〔紜〕纭
〔純〕纯
〔紕〕纰
〔紗〕纱
〔納〕纳
〔紝〕纴
〔紛〕纷
〔紙〕纸
〔紋〕纹
〔紡〕纺
〔紖〕纼
〔紐〕纽
〔紓〕纾

11笔

【一】

〔責〕责
〔現〕现
〔匭〕匦
〔規〕规
〔殼〕壳
〔埡〕垭
〔掗〕挜
〔捨〕舍
〔捫〕扪
〔掆〕㧎
〔堝〕埚
〔頂〕顶
〔掄〕抡
〔執〕执
〔捲〕卷
〔掃〕扫
〔堊〕垩
〔萊〕莱
〔萵〕莴
〔乾〕干
〔梘〕枧
〔軛〕轭
〔斬〕斩
〔軟〕软
〔專〕专

〔區〕区
〔堅〕坚
〔帶〕带
〔厠〕厕
〔硃〕朱
〔麥〕麦
〔頃〕顷

【丨】

〔鹵〕卤
〔處〕处
〔敗〕败
〔販〕贩
〔貶〕贬
〔啞〕哑
〔閉〕闭
〔問〕问
〔婁〕娄
〔啢〕唡
〔國〕国
〔嗚〕呜
〔帳〕帐
〔崬〕岽
〔崍〕崃
〔崗〕岗
〔圇〕囵
〔過〕过

【丿】

〔氫〕氢
〔動〕动

〔偵〕侦	〔産〕产	〔貫〕贯	〔軼〕轶	〔圍〕围	〔創〕创	〔渢〕沨	〔項〕项
〔側〕侧	〔牽〕牵	〔鄉〕乡	〔軒〕轩	【丿】	〔飩〕饨	〔渾〕浑	〔琿〕珲
〔貨〕货	〔烴〕烃	**12 笔**	〔軫〕轸	〔無〕无	〔飪〕饪	〔愜〕惬	〔瑋〕玮
〔進〕进	〔淶〕涞	【一】	〔軺〕轺	〔氫〕氢	〔飫〕饫	〔惻〕恻	〔頑〕顽
〔梟〕枭	〔淺〕浅	〔貳〕贰	〔畫〕画	〔畫〕画	〔飭〕饬	〔惲〕恽	〔載〕载
〔鳥〕鸟	〔渦〕涡	〔頂〕顶	〔腎〕肾	〔喬〕乔	〔飯〕饭	〔惱〕恼	〔馱〕驮
〔偉〕伟	〔淪〕沦	〔堯〕尧	〔棗〕枣	〔筆〕笔	〔飲〕饮	〔運〕运	〔馴〕驯
〔徠〕徕	〔悵〕怅	〔揀〕拣	〔硨〕砗	〔硤〕硖	〔貸〕贷	〔補〕补	〔馳〕驰
〔術〕术	〔鄆〕郓	〔啓〕启	〔硯〕砚	〔傖〕伧	〔順〕顺	〔禍〕祸	〔塢〕坞
〔從〕从	〔視〕视	〔馭〕驭	〔殘〕残	〔傷〕伤	〔脹〕胀	【一】	〔損〕损
〔釷〕钍	【一】	〔項〕项	〔雲〕云	〔傢〕家	〔腖〕胨	〔尋〕寻	〔遠〕远
〔釬〕钎	〔將〕将	〔貢〕贡	【丨】	〔像〕像	〔腡〕脶	〔費〕费	〔塏〕垲
〔釧〕钏	〔晝〕昼	〔場〕场	〔覘〕觇	〔鄔〕邬	〔勝〕胜	〔違〕违	〔勢〕势
〔釤〕钐	〔張〕张	〔揚〕扬	〔睏〕困	〔衆〕众	〔猶〕犹	〔靭〕韧	〔搶〕抢
〔釣〕钓	〔階〕阶	〔塊〕块	〔貼〕贴	〔復〕复	〔貿〕贸	〔隕〕陨	〔搗〕捣
〔釩〕钒	〔陽〕阳	〔達〕达	〔貺〕贶	〔須〕须	〔鄒〕邹	〔賀〕贺	〔壺〕壶
〔釹〕钕	〔隊〕队	〔報〕报	〔貯〕贮	【丶】	【丶】	〔發〕发	〔聖〕圣
〔釵〕钗	〔婭〕娅	〔揮〕挥	〔貽〕贻	〔詁〕诂	〔詞〕词	〔綁〕绑	〔蓋〕盖
〔貪〕贪	〔媧〕娲	〔壺〕壶	〔閏〕闰	〔鈣〕钙	〔評〕评	〔絨〕绒	〔蓮〕莲
〔覓〕觅	〔婦〕妇	〔惡〕恶	〔開〕开	〔鈦〕钛	〔詛〕诅	〔結〕结	〔蒔〕莳
〔飥〕饦	〔習〕习	〔葉〕叶	〔閑〕闲	〔鈍〕钝	〔詗〕诇	〔絝〕绔	〔蓽〕荜
〔貧〕贫	〔參〕参	〔貰〕贳	〔間〕间	〔鈔〕钞	〔詐〕诈	〔經〕经	〔夢〕梦
〔脛〕胫	〔紺〕绀	〔萬〕万	〔閌〕闶	〔鈉〕钠	〔訴〕诉	〔絎〕绗	〔蒼〕苍
〔魚〕鱼	〔紲〕绁	〔葷〕荤	〔閔〕闵	〔鈴〕铃	〔診〕诊	〔給〕给	〔幹〕干
【丶】	〔紱〕绂	〔喪〕丧	〔悶〕闷	〔欽〕钦	〔詞〕词	〔絳〕绛	〔蓀〕荪
〔詎〕讵	〔組〕组	〔葦〕苇	〔貴〕贵	〔鈎〕钩	〔詘〕诎	〔絡〕络	〔蔭〕荫
〔訝〕讶	〔紳〕绅	〔葒〕荭	〔鄖〕郧	〔鈎〕钩	〔詔〕诏	〔絞〕绞	〔蒓〕莼
〔訥〕讷	〔紬〕䌷	〔葤〕荮	〔勛〕勋	〔鈧〕钪	〔詒〕诒	〔統〕统	〔楨〕桢
〔許〕许	〔細〕细	〔根〕枨	〔單〕单	〔鈁〕钫	〔馮〕冯	〔絕〕绝	〔楊〕杨
〔訛〕讹	〔終〕终	〔棟〕栋	〔喲〕哟	〔鈥〕钬	〔痙〕痉	〔絲〕丝	〔嗇〕啬
〔訢〕䜣	〔絆〕绊	〔棧〕栈	〔買〕买	〔鈄〕钭	〔勞〕劳	〔幾〕几	〔楓〕枫
〔訩〕讻	〔紼〕绋	〔椢〕枙	〔剴〕剀	〔鈕〕钮	〔湞〕浈	**13 笔**	〔軾〕轼
〔訟〕讼	〔絀〕绌	〔極〕极	〔凱〕凯	〔鈀〕钯	〔測〕测	【一】	〔輊〕轾
〔設〕设	〔紹〕绍	〔軲〕轱	〔幀〕帧	〔傘〕伞	〔湯〕汤		〔輅〕辂
〔訪〕访	〔紿〕绐	〔軻〕轲	〔嵐〕岚	〔爺〕爷	〔淵〕渊		〔輅〕辂
〔訣〕诀	〔給〕给	〔軸〕轴	〔韓〕韩				

〔較〕较	〔航〕航	〔鉉〕铉	〔誅〕诛	〔愴〕怆	〔臺〕台	〔甑〕甑	〔圖〕图
〔竪〕竖	【ノ】	〔鉈〕铊	〔話〕话	〔愾〕忾	〔搋〕挝		【ノ】
〔賈〕贾	〔覓〕觅	〔鉍〕铋	〔誕〕诞	〔窩〕窝	〔墊〕垫	【丨】	〔製〕制
〔匯〕汇	〔節〕节	〔鈮〕铌	〔詬〕诟	〔禎〕祯	〔壽〕寿	〔對〕对	〔種〕种
〔電〕电	〔與〕与	〔鈹〕铍	〔詮〕诠	〔禕〕祎	〔摺〕折	〔幣〕币	〔稱〕称
〔頓〕顿	〔債〕债	〔僉〕佥	〔詭〕诡	【一】	〔摻〕掺	〔彆〕别	〔箋〕笺
〔盞〕盏	〔僅〕仅	〔會〕会	〔詢〕询	〔肅〕肃	〔摜〕掼	〔嘗〕尝	〔僥〕侥
	〔亂〕乱	〔詣〕诣	〔媽〕妈	〔勳〕勋	〔嗩〕唢	〔債〕债
【丨】	〔愛〕爱	〔飾〕饰	〔該〕该	【一】	〔蔞〕蒌	〔暉〕晖	〔僕〕仆
〔歲〕岁	〔傴〕伛	〔傾〕倾	〔詳〕详	〔肅〕肃	〔蕘〕荛	〔夥〕伙	〔僑〕侨
〔虜〕虏	〔傾〕倾	〔飽〕饱	〔詫〕诧	〔裝〕装	〔蔔〕卜	〔賑〕赈	〔偽〕伪
〔業〕业	〔僂〕偻	〔飼〕饲	〔詡〕诩	〔遜〕逊	〔蔣〕蒋	〔賒〕赊	〔銜〕衔
〔當〕当	〔賃〕赁	〔飴〕饴	〔裏〕里	〔際〕际	〔薌〕芗	〔嘆〕叹	〔鍁〕锨
〔睞〕睐	〔傷〕伤	〔頒〕颁	〔準〕准	〔媽〕妈	〔構〕构	〔暢〕畅	〔銬〕铐
〔賊〕贼	〔傭〕佣	〔頌〕颂	〔頑〕顽	〔預〕预	〔樺〕桦	〔嘜〕唛	〔銠〕铑
〔賄〕贿	〔裊〕袅	〔腸〕肠	〔資〕资	〔蓀〕荪	〔橈〕桡	〔閏〕闰	〔鉺〕铒
〔賂〕赂	〔頏〕颃	〔腫〕肿	〔羥〕羟	〔蒞〕莅	〔覡〕觋	〔聞〕闻	〔銣〕铷
〔賅〕赅	〔鈺〕钰	〔腦〕脑	〔頎〕颀	〔綆〕绠	〔槧〕椠	〔閩〕闽	〔銪〕铕
〔嗎〕吗	〔鉦〕钲	〔魛〕鱽	〔綃〕绡	〔經〕经	〔構〕构	〔閭〕闾	〔鋁〕铝
〔嘩〕哗	〔鉗〕钳	〔像〕象	〔絹〕绢	〔綃〕绡	〔樺〕桦	〔閱〕阅	〔銅〕铜
〔嗊〕唝	〔鈷〕钴	〔獁〕犸	〔煉〕炼	〔絹〕绢	〔橈〕桡	〔閥〕阀	〔銦〕铟
〔暘〕旸	〔鉢〕钵	〔鳩〕鸠	〔煩〕烦	〔綏〕绥	〔槍〕枪	〔閤〕合	〔銖〕铢
〔閘〕闸	〔鉅〕钜	〔獅〕狮	〔煬〕炀	〔綈〕绨	〔輒〕辄	〔閣〕阁	〔銑〕铣
〔黽〕黾	〔鈳〕钶	〔猻〕狲	〔塋〕茔	〔彙〕汇	〔輔〕辅	〔閡〕阂	〔鋌〕铤
〔暈〕晕	〔鈸〕钹	【丶】	〔煢〕茕		〔輕〕轻	〔嘔〕呕	〔銓〕铨
〔號〕号	〔鉞〕钺	〔誆〕诓	〔煒〕炜	**14笔**	〔塹〕堑	〔蝸〕蜗	〔鉿〕铪
〔園〕园	〔鉬〕钼	〔誄〕诔	〔遞〕递	【一】	〔匱〕匮	〔團〕团	〔銚〕铫
〔蛺〕蛱	〔鉏〕钼	〔試〕试	〔溝〕沟	〔瑪〕玛	〔監〕监	〔嘍〕喽	〔銘〕铭
〔蜆〕蚬	〔鈾〕铀	〔註〕注	〔漣〕涟	〔璡〕琎	〔緊〕紧	〔鄲〕郸	〔鉻〕铬
〔農〕农	〔鈿〕钿	〔詩〕诗	〔滅〕灭	〔瑣〕琐	〔厲〕厉	〔鳴〕鸣	〔錚〕铮
〔嗩〕唢	〔鉑〕铂	〔詰〕诘	〔滌〕涤	〔瑲〕玱	〔厭〕厌	〔幘〕帻	〔銫〕铯
〔嗶〕哔	〔鈴〕铃	〔誇〕夸	〔獅〕狮	〔駁〕驳	〔碩〕硕	〔嶄〕崭	〔鉸〕铰
〔鳴〕鸣	〔鉛〕铅	〔詼〕诙	〔塗〕涂	〔摶〕抟	〔碭〕砀	〔爾〕尔	〔銥〕铱
〔嗆〕呛	〔鉚〕铆	〔誠〕诚	〔滄〕沧	〔摳〕抠	〔碸〕砜	〔奪〕夺	
〔圓〕圆	〔鈰〕铈		〔愷〕恺	〔趙〕赵	〔窪〕洼	〔嶁〕嵝	〔銦〕铟
			〔愾〕忾	〔趕〕赶	〔爾〕尔	〔嶇〕岖	
			〔愾〕忾	〔摟〕搂	〔殞〕殒	〔嶁〕嵝	〔鉻〕铬
			〔愾〕忾	〔摑〕掴	〔鳶〕鸢	〔幗〕帼	〔銑〕铣

237

〔銨〕铵	〔塵〕尘	〔寧〕宁	〔綻〕绽	〔穀〕谷	〔遷〕迁	〔閫〕阃	〔鉽〕钛
〔銀〕银	〔颯〕飒	〔寢〕寝	〔緺〕绲	〔慤〕悫	〔鴉〕鸦	〔數〕数	〔銷〕销
〔銣〕铷	〔適〕适	〔實〕实	〔綠〕绿	〔撏〕挦	〔憂〕忧	〔踐〕践	〔鋥〕锃
〔餞〕饯	〔齊〕齐	〔皺〕皱	〔綴〕缀	〔撥〕拨	〔碼〕码	〔遺〕遗	〔鋰〕锂
〔触〕蚀	〔養〕养	〔複〕复	〔緇〕缁	〔堯〕尧	〔磋〕硗	〔蝦〕虾	〔銅〕铜
〔餇〕饲	〔鄰〕邻	【一】		〔蕆〕蒇	〔確〕确	〔嘸〕呒	〔鋤〕锄
〔飴〕饴	〔鄭〕郑	〔劃〕划	**15 笔**	〔蕓〕芸	〔賫〕赍	〔嘮〕唠	〔鋯〕锆
〔餡〕馅	〔燁〕烨	〔盡〕尽	【一】	〔邁〕迈	〔遼〕辽	〔噝〕咝	〔鋨〕锇
〔鉸〕铰	〔熗〕炝	〔屢〕屡	〔閭〕闾	〔蕢〕蒉	〔殤〕殇	〔噠〕哒	〔銹〕锈
〔銥〕铱	〔榮〕荣	〔獎〕奖	〔璉〕琏	〔蕘〕荛	〔鴇〕鸨	〔閾〕阈	〔銼〕锉
〔餅〕饼	〔熒〕荧	〔墮〕堕	〔靚〕靓	〔蕎〕荞	【丨】	〔嶠〕峤	〔鋒〕锋
〔領〕领	〔犖〕荦	〔隨〕随	〔輦〕辇	〔蕕〕莸	〔輩〕辈	〔罷〕罢	〔鋅〕锌
〔鳳〕凤	〔熗〕熗	〔骳〕骳	〔髮〕发	〔蕩〕荡	〔劌〕刿	〔嶗〕峤	〔銳〕锐
〔颱〕台	〔潰〕渍	〔墜〕坠	〔撓〕挠	〔蕁〕荨	〔齒〕齿	〔嶔〕嵚	〔銻〕锑
〔獄〕狱	〔漢〕汉	〔嫗〕妪	〔墳〕坟	〔樁〕桩	〔劇〕剧	〔幟〕帜	〔銀〕银
【丶】	〔滿〕满	〔頗〕颇	〔撻〕挞	〔膚〕肤	〔膚〕肤	〔嶗〕崂	〔鋟〕锓
	〔漸〕渐	〔態〕态	〔鄧〕邓	〔樞〕枢	〔慮〕虑	【丿】	〔鋼〕钢
〔誠〕诚	〔漚〕沤	〔鄧〕邓	〔駔〕驵	〔標〕标	〔鄴〕邺	〔頹〕颓	〔鋦〕锔
〔誣〕诬	〔滯〕滞	〔緒〕绪	〔駛〕驶	〔樓〕楼	〔輝〕辉	〔篋〕箧	〔頜〕颌
〔語〕语	〔滷〕卤	〔綾〕绫	〔駟〕驷	〔樅〕枞	〔賞〕赏	〔範〕范	〔劍〕剑
〔誚〕诮	〔漊〕溇	〔綺〕绮	〔駙〕驸	〔麩〕麸	〔賦〕赋	〔價〕价	〔劌〕刽
〔誤〕误	〔漁〕渔	〔綫〕线	〔駒〕驹	〔賫〕赍	〔賫〕赍	〔儂〕侬	〔鄶〕郐
〔誥〕诰	〔滸〕浒	〔緋〕绯	〔駐〕驻	〔賢〕贤	〔賬〕账	〔儉〕俭	〔餑〕饽
〔誘〕诱	〔滻〕浐	〔綽〕绰	〔駝〕驼	〔樣〕样	〔賭〕赌	〔儈〕侩	〔餓〕饿
〔誨〕诲	〔滬〕沪	〔緄〕绲	〔駘〕骀	〔樑〕桩	〔賤〕贱	〔億〕亿	〔餘〕余
〔誑〕诓	〔漲〕涨	〔網〕纲	〔撲〕扑	〔輥〕辊	〔賜〕赐	〔儀〕仪	〔餒〕馁
〔說〕说	〔滲〕渗	〔網〕网	〔頡〕颉	〔輞〕辋	〔賙〕赒	〔皚〕皑	〔膞〕脶
〔認〕认	〔慚〕惭	〔維〕维	〔撣〕掸	〔槧〕椠	〔賠〕赔	〔樂〕乐	〔膠〕胶
〔誦〕诵	〔慪〕怄	〔綿〕绵	〔賣〕卖	〔暫〕暂	〔賧〕赕	〔質〕质	〔鴇〕鸨
〔誒〕诶	〔慳〕悭	〔綸〕纶	〔撫〕抚	〔輪〕轮	〔嘵〕哓	〔徵〕征	〔魷〕鱿
〔廎〕广	〔慟〕恸	〔綬〕绶	〔撟〕挢	〔輟〕辍	〔噴〕喷	〔衝〕冲	〔魯〕鲁
〔麽〕么	〔慘〕惨	〔綳〕绷	〔撳〕揿	〔輜〕辎	〔噠〕哒	〔慫〕怂	〔魴〕鲂
〔瘋〕疯	〔慣〕惯	〔綢〕绸	〔熱〕热	〔鞏〕巩	〔噁〕恶	〔徹〕彻	〔潁〕颖
〔瘍〕疡	〔寬〕宽	〔綹〕绺	〔鞏〕巩	〔歐〕欧	〔閶〕阊	〔衛〕卫	〔颳〕刮
〔瘓〕痪	〔賓〕宾	〔綣〕绻	〔摯〕挚	〔毆〕殴	〔閩〕阅	〔盤〕盘	〔劉〕刘
〔瘋〕疯	〔窪〕洼	〔綜〕综	〔撈〕捞	〔賢〕贤	〔閱〕阅	〔鋏〕铗	〔劉〕刘

繁	简	繁	简	繁	简	繁	简	繁	简	繁	简	繁	简	繁	简
皴	皱	潤	润	嬫	嫔	擓	㧐	殨	殨	還	还	鋼	钢	頴	颖
【丶】		澗	涧	駕	驾	擔	担	殫	殚	嶧	峄	鍋	锅	獨	独
請	请	潰	溃	翬	翚	壇	坛	頸	颈	嶼	屿	錘	锤	獪	狯
諸	诸	涵	涵	毵	毵	擁	拥	【丨】		【丿】		錐	锥	獫	猃
諏	诹	潯	浔	縉	缙	據	据	頻	频	積	积	錦	锦	駡	驾
諾	诺	潙	沩	緗	缃	薔	蔷	盧	卢	頹	颓	鈱	钬	【丶】	
諑	诼	澇	涝	練	练	薑	姜	曉	晓	穆	穆	錇	锫	謀	谋
誹	诽	潯	浔	緘	缄	薈	荟	瞞	瞒	篤	笃	錠	锭	諶	谌
課	课	潑	泼	緬	缅	薊	蓟	縣	县	築	筑	鍵	键	諜	谍
諉	诿	憤	愤	緹	缇	薦	荐	曀	旸	篳	筚	錄	录	諛	谀
諏	诹	憫	悯	緲	缈	蕭	萧	曖	暧	篩	筛	鋸	锯	諫	谏
誰	谁	憒	愦	緝	缉	頤	颐	曖	暧	舉	举	錳	锰	諧	谐
論	论	憚	惮	緼	缊	鴣	鸪	賵	赗	興	兴	錮	锢	謔	谑
諗	谂	憮	怃	緦	缌	薩	萨	鴨	鸭	嶨	峃	錒	锕	謁	谒
調	调	憐	怜	緞	缎	蕷	蓣	閾	阈	學	学	墾	垦	謂	谓
諂	谄	寫	写	緵	缍	橈	桡	閹	阉	儔	俦	錢	钱	諤	谔
諒	谅	審	审	縋	缒	樹	树	閻	阎	憊	惫	餜	馃	諭	谕
諄	谆	窮	穷	緩	缓	樸	朴	閶	阊	儕	侪	餛	馄	諼	谖
諱	讳	褲	裤	締	缔	橋	桥	閽	阍	儐	傧	餡	馅	諷	讽
諛	谀	褌	裈	編	编	機	机	閿	阌	儘	尽	館	馆	諮	谘
談	谈	褸	褛	縉	缙	輳	辏	閼	阏	鴕	鸵	鴒	鸰	諳	谙
誼	谊	鴆	鸩	緯	纬	輻	辐	鬨	阃	艙	舱	膩	腻	諺	谚
廟	庙	【一】		縁	缘	輯	辑	暴	县	錶	表	鴣	鸥	諦	谛
廠	厂	遲	迟	**16 笔**		輸	输	噸	吨	錯	错	鮁	鲅	謎	谜
廡	庑	層	层			賴	赖	鴉	鸦	錒	锕	鮃	鲆	諢	诨
瘞	瘗	彈	弹	【一】		頭	头	鴞	鸮	鋸	锯	鮎	鲇	諞	谝
瘡	疮	選	选	璣	玑	醖	酝	螞	蚂	錨	锚	鮓	鲊	諢	诨
廣	广	漿	浆	墻	墙	醜	丑	螄	蛳	錛	锛	鮒	鲋	諱	讳
慶	庆	漿	桨	駱	骆	勱	劢	噹	当	錸	铼	鮃	鲆	憑	凭
廢	废	險	险	駭	骇	磧	碛	罵	骂	錢	钱	鮒	鲋	鄶	郐
敵	敌	嬈	娆	駢	骈	磚	砖	噥	哝	錁	锞	鮊	鲌	瘻	瘘
頫	颏	嫻	娴	擓	㧟	磣	碜	戰	战	餜	馃	鮑	鲍	瘮	瘆
導	导	駕	驾	擄	掳	歷	历	噲	哙	錕	锟	鮍	鲏	親	亲
瑩	莹	燀	掸	擗	掮	曆	历	噝	咝	鋼	钢	鮐	鲐	辦	办
潔	洁	嬭	奶	擋	挡	奮	奋	鴦	鸯	錫	锡	鴝	鸲	龍	龙
澆	浇	嬌	娇	擇	择	頰	颊	噶	噶	錮	锢	獲	获	劑	剂
澾	涬	媽	妈	頩	颊	頰	颊	嘯	啸						

〔燒〕烧	〔給〕给	〔藍〕蓝	〔賻〕赙	〔禦〕御	〔鮫〕鲛	〔濕〕湿	〔擰〕拧
〔燜〕焖	〔繞〕绕	〔舊〕旧	〔嬰〕婴	〔聳〕耸	〔鮮〕鲜	〔濟〕济	〔鬆〕松
〔熾〕炽	〔縎〕缟	〔薺〕荠	〔賺〕赚	〔鵃〕鸼	〔颶〕飓	〔濱〕滨	〔翹〕翘
〔螢〕萤	〔縭〕缡	〔蓋〕芸	〔嚇〕吓	〔鍥〕锲	〔獫〕猃	〔濘〕泞	〔擷〕撷
〔營〕营	〔縑〕缣	〔韓〕韩	〔闌〕阑	〔鍇〕锴	〔獰〕狞	〔濜〕浕	〔擾〕扰
〔縈〕萦	〔縊〕缢	〔隸〕隶	〔闌〕阆	〔鍘〕铡	〔、〕	〔澀〕涩	〔騏〕骐
〔燈〕灯		〔檉〕柽	〔闈〕闱	〔錫〕钖	〔講〕讲	〔濰〕潍	〔騎〕骑
〔濛〕蒙	**17 笔**	〔檣〕樯	〔闊〕阔	〔鎇〕锶	〔謨〕谟	〔懨〕恹	〔騍〕骡
〔燙〕烫	【一】	〔檟〕槚	〔闈〕闹	〔鍔〕锷	〔謖〕谡	〔賽〕赛	〔騅〕骓
〔澠〕渑	〔耬〕耧	〔檔〕档	〔闋〕阕	〔鍤〕锸	〔謝〕谢	〔襇〕裥	〔擄〕掳
〔濃〕浓	〔環〕环	〔櫛〕栉	〔闆〕板	〔鍾〕钟	〔謠〕谣	〔襖〕袄	〔擻〕擞
〔澤〕泽	〔贅〕赘	〔檢〕检	〔曖〕暧	〔鍬〕锹	〔謅〕诌	〔襏〕袯	〔磬〕冬
〔濁〕浊	〔璦〕瑷	〔檜〕桧	〔蹕〕跸	〔鍛〕锻	〔謗〕谤	〔禮〕礼	〔擺〕摆
〔澮〕浍	〔靚〕靓	〔麯〕曲	〔蹌〕跄	〔鎪〕锼	〔謚〕谥	【一】	〔贅〕赘
〔澱〕淀	〔輾〕辄	〔轅〕辕	〔蟎〕螨	〔鍰〕锾	〔謙〕谦	〔屨〕屦	〔聶〕聂
〔預〕预	〔幫〕帮	〔轄〕辖	〔螻〕蝼	〔鎂〕镘	〔謐〕谧	〔彌〕弥	〔聰〕聪
〔懞〕蒙	〔騁〕骋	〔輾〕辗	〔蟈〕蝈	〔鍍〕镀	〔褻〕亵	〔嬪〕嫔	〔職〕职
〔懌〕怿	〔駸〕骎	〔擊〕击	〔雖〕虽	〔鎂〕镁	〔氈〕毡	〔績〕绩	〔藝〕艺
〔憶〕忆	〔駿〕骏	〔臨〕临	〔嚀〕咛	〔鎡〕镃	〔應〕应	〔縹〕缥	〔覲〕觐
〔憲〕宪	〔趨〕趋	〔磽〕硗	〔覬〕觊	〔鍾〕镅	〔癘〕疠	〔縷〕缕	〔鞦〕秋
〔窺〕窥	〔攔〕拦	〔壓〕压	〔嶺〕岭	〔懇〕恳	〔療〕疗	〔縵〕缦	〔藪〕薮
〔窶〕窭	〔擬〕拟	〔礄〕硚	〔嶸〕嵘	〔餳〕饧	〔癇〕痫	〔縲〕缧	〔蠆〕虿
〔窵〕窎	〔擴〕扩	〔磯〕矶	〔點〕点	〔餲〕餲	〔癉〕瘅	〔總〕总	〔繭〕茧
〔褸〕褛	〔壙〕圹	〔嗎〕吗	【丿】	〔餷〕馇	〔癆〕痨	〔縱〕纵	〔藥〕药
〔禪〕禅	〔擠〕挤	〔邁〕迈	〔矯〕矫	〔餶〕馉	〔齋〕斋	〔縴〕纤	〔藭〕䓖
【一】	〔蟄〕蛰	〔尷〕尴	〔鴰〕鸹	〔餿〕馊	〔鮝〕鲞	〔縮〕缩	〔頤〕颐
〔隱〕隐	〔縶〕絷	〔鴯〕鸸	〔簀〕箦	〔斂〕敛	〔糞〕粪	〔繆〕缪	〔蘊〕蕴
〔嬙〕嫱	〔擲〕掷	〔殮〕殓	〔簍〕篓	〔鴿〕鸽	〔朦〕胧	〔繅〕缫	〔檯〕台
〔嬡〕嫒	〔擯〕摈	【丨】	〔輿〕舆	〔膿〕脓	〔臉〕脸	〔繈〕襁	〔櫃〕柜
〔縉〕缙	〔擰〕拧	〔齔〕龀	〔歟〕欤	〔臉〕脸	〔膽〕胆	〔嚮〕向	〔檻〕槛
〔縝〕缜	〔轂〕毂	〔戲〕戏	〔鴒〕鸰	〔膾〕脍	〔膾〕脍		〔欄〕栏
〔縛〕缚	〔聲〕声	〔虧〕亏	〔優〕优	〔臆〕膻	〔燦〕灿	**18 笔**	〔檳〕槟
〔縟〕缛	〔藉〕借	〔氅〕氅	〔償〕偿	〔膿〕膫	〔燭〕烛	【一】	〔檸〕柠
〔緻〕致	〔聰〕聪	〔瞭〕了	〔儲〕储	〔鮭〕鲑	〔燴〕烩	〔耮〕耢	〔鵓〕鹁
〔縧〕绦	〔聯〕联	〔顆〕颗	〔魎〕魉	〔鮪〕鲔	〔濤〕涛	〔闃〕阒	〔鵓〕鹁
〔縫〕缝	〔艱〕艰	〔購〕购	〔鴿〕鸽	〔鮦〕鲖	〔濫〕滥	〔瓊〕琼	〔轉〕转

〔轆〕辘	〔穡〕穑	〔鮸〕鮸	〔襝〕裣	〔蘇〕苏	〔嚴〕严	〔鯪〕鲮	〔瀧〕泷
〔覆〕复	〔穢〕秽	〔鯽〕鲫	〔襠〕裆	〔藹〕蔼	〔獸〕兽	〔鯫〕鲰	〔懶〕懒
〔醫〕医	〔簡〕简	〔颸〕飔	【一】	〔龍〕龙	〔嚨〕咙	〔鯡〕鲱	〔懷〕怀
〔礎〕础	〔簣〕篑	〔颺〕飏	〔醬〕酱	〔顛〕颠	〔羆〕罴	〔鯤〕鲲	〔寵〕宠
〔殯〕殡	〔簞〕箪	〔觴〕觞	〔韞〕韫	〔櫝〕椟	〔羅〕罗	〔鯧〕鲳	〔襪〕袜
〔霧〕雾	〔雙〕双	〔獵〕猎	〔隴〕陇	〔櫟〕栎	【丿】	〔鯢〕鲵	〔鑒〕鉴
【丨】	〔軀〕躯	〔雛〕雏	〔嬸〕婶	〔櫓〕橹	〔氌〕氇	〔鯰〕鲶	【一】
〔豐〕丰	〔邊〕边	〔臍〕脐	〔繞〕绕	〔櫧〕槠	〔犢〕犊	〔鯛〕鲷	〔韜〕韬
〔覷〕觑	〔歸〕归	【丶】	〔繚〕缭	〔橼〕橼	〔贊〕赞	〔鯨〕鲸	〔騭〕骘
〔懟〕怼	〔鏵〕铧	〔謹〕谨	〔織〕织	〔轎〕轿	〔穩〕稳	〔鰤〕鲕	〔鷙〕鸷
〔叢〕丛	〔鎮〕镇	〔謳〕讴	〔繕〕缮	〔鏨〕錾	〔簽〕签	〔獺〕獭	〔顙〕颡
〔朦〕蒙	〔鏈〕链	〔謾〕谩	〔繒〕缯	〔轍〕辙	〔簾〕帘	〔鵒〕鸽	〔繮〕缰
〔題〕题	〔鎘〕镉	〔謫〕谪	〔斷〕断	〔轔〕辚	〔簫〕箫	〔颼〕飕	〔繩〕绳
〔蹕〕跸	〔鎖〕锁	〔謭〕谫	19笔	〔繫〕系	〔牘〕牍	【丶】	〔繾〕缱
〔瞼〕睑	〔鎧〕铠	〔謬〕谬	【一】	〔鵲〕鹊	〔懲〕惩	〔譚〕谭	〔繰〕缲
〔闔〕闔	〔鎸〕镌	〔癤〕疖	〔鵲〕鹊	〔麗〕丽	〔譜〕谱	〔譖〕谮	〔繹〕绎
〔闐〕阗	〔鎳〕镍	〔雜〕杂	〔鶘〕鹈	〔厴〕厣	〔鏵〕锗	〔譙〕谯	〔繯〕缳
〔闖〕闯	〔鎢〕钨	〔離〕离	〔顢〕颟	〔礪〕砺	〔鏗〕铿	〔識〕识	〔繳〕缴
〔闓〕闿	〔鎩〕铩	〔顏〕颜	〔翩〕鹕	〔礙〕碍	〔鏢〕镖	〔譜〕谱	〔繪〕绘
〔闕〕阙	〔鎿〕镎	〔糧〕粮	〔騙〕骗	〔礦〕矿	〔鏜〕镗	〔證〕证	20笔
〔顎〕颚	〔鎦〕镏	〔爍〕烁	〔騷〕骚	〔贋〕赝	〔鏤〕镂	〔譎〕谲	【一】
〔曠〕旷	〔鎬〕镐	〔鵜〕鹈	〔壢〕坜	〔願〕愿	〔鏝〕镘	〔譏〕讥	〔瓏〕珑
〔蹌〕跄	〔鎊〕镑	〔瀆〕渎	〔壚〕垆	〔鶓〕鹋	〔鏰〕镚	〔鶉〕鹑	〔驁〕骜
〔嚙〕啮	〔鎰〕镒	〔瀦〕潴	〔壞〕坏	〔璽〕玺	〔鏞〕镛	〔廬〕庐	〔驊〕骅
〔壘〕垒	〔鎵〕镓	〔濾〕滤	〔攏〕拢	〔襦〕襦	〔鏡〕镜	〔癟〕瘪	〔騮〕骝
〔嘵〕晓	〔鎘〕锅	〔鯊〕鲨	〔蘀〕萚	【丨】	〔鏟〕铲	〔癢〕痒	〔騶〕驺
〔蟲〕虫	〔鵠〕鹄	〔濺〕溅	〔難〕难	〔贈〕赠	〔鏑〕镝	〔龐〕庞	〔騙〕骗
〔蟬〕蝉	〔饃〕馍	〔瀏〕浏	〔鵲〕鹊	〔闕〕阕	〔鏃〕镞	〔壟〕垄	〔攖〕撄
〔蟣〕虮	〔餺〕馎	〔瀑〕泺	〔鵟〕鹋	〔關〕关	〔鏇〕旋	〔鶊〕鹒	〔攔〕拦
〔鵑〕鹃	〔餼〕饩	〔瀉〕泻	〔蘋〕苹	〔嚦〕呖	〔辭〕辞	〔類〕类	〔攙〕搀
〔嚕〕噜	〔餾〕馏	〔瀋〕沈	〔蘆〕芦	〔疇〕畴	〔饉〕馑	〔爍〕烁	〔聹〕聍
〔顓〕颛	〔饉〕馑	〔竅〕窍	〔鶓〕鹋	〔蹺〕跷	〔饅〕馒	〔瀟〕潇	〔顢〕颟
【丿】	〔臍〕脐	〔額〕额	〔闔〕阖	〔蟶〕蛏	〔鵬〕鹏	〔瀨〕濑	〔驀〕蓦
〔鵠〕鹄	〔鯁〕鲠	〔禰〕祢	〔蘄〕蕲	〔蠅〕蝇	〔臘〕腊	〔瀝〕沥	〔蘭〕兰
〔鵝〕鹅	〔鯉〕鲤	〔禱〕祷	〔勸〕劝	〔蟻〕蚁	〔鯖〕鲭	〔瀘〕泸	〔蘞〕蔹
〔穫〕获	〔鯀〕鲧						

〔薛〕薛	【丿】	〔鰂〕鰂	〔鷟〕鸶	〔囁〕嗫	〔魛〕鲥	〔攤〕摊	〔儻〕傥
〔鶘〕鹕	〔犧〕牺	〔鰛〕鳁	〔纊〕纩	〔囈〕呓	〔鰨〕鳎	〔覿〕觌	〔艫〕舻
〔飄〕飘	〔鷙〕鸷	〔鰓〕鳃	〔繽〕缤	〔闢〕辟	〔鰥〕鳏	〔攢〕攒	〔鑄〕铸
〔櫪〕枥	〔籌〕筹	〔鰐〕鳄	〔繼〕继	〔囀〕啭	〔鰷〕鲦	〔鷥〕鸶	〔鑌〕镔
〔櫨〕栌	〔籃〕篮	〔鰍〕鳅	〔饗〕飨	〔顥〕颢	〔鰟〕鳑	〔聽〕听	〔鐐〕镣
〔櫸〕榉	〔譽〕誉	〔鰒〕鳆	〔響〕响	〔躋〕跻	〔鰜〕鳒	〔蘿〕萝	〔龕〕龛
〔礬〕矾	〔覺〕觉	〔鰉〕鳇		〔躊〕踌	【丶】	〔驚〕惊	〔糴〕籴
〔麵〕面	〔嚳〕喾	〔鰌〕鳕	**21 笔**	〔躑〕踯	〔癲〕癫	〔欒〕栾	〔鰳〕鳓
〔櫬〕榇	〔嚶〕嘤	〔鯿〕鳊	【一】	〔躍〕跃	〔癱〕瘫	〔鷗〕鸥	〔鰹〕鲣
〔櫳〕栊	〔艦〕舰	〔獼〕猕	〔耀〕耀	〔纍〕累	〔癬〕癣	〔鑒〕鉴	〔鰾〕鳔
〔礫〕砾	〔饒〕饶	〔觸〕触	〔瓔〕璎	〔蠟〕蜡	〔澗〕澜	〔邐〕逦	〔鱈〕鳕
【丨】	〔鐯〕锗	【丶】	〔鰲〕鳌	〔囂〕嚣	〔辯〕辩	〔驚〕鹫	〔鰻〕鳗
〔鹹〕咸	〔鐃〕铙	〔護〕护	〔攝〕摄	〔髒〕脏	〔鶿〕鹚	【丨】	〔鱇〕鱇
〔齷〕龌	〔鐸〕镦	〔譴〕遣	〔騾〕骡	【丿】	〔鷫〕鹔	〔齬〕龉	〔鱉〕鳖
〔齟〕龃	〔鐺〕铛	〔譯〕译	〔驅〕驱	〔儷〕俪	〔鶯〕莺	〔齪〕龊	〔鷸〕鹬
〔齡〕龄	〔鐵〕铜	〔譫〕谵	〔驃〕骠	〔儼〕俨	〔灕〕漓	〔鱉〕鳖	【丶】
〔齙〕龅	〔鐓〕镦	〔議〕议	〔驄〕骢	〔儸〕㑩	〔澧〕沣	〔贖〕赎	〔讀〕读
〔齠〕龆	〔鐘〕钟	〔癥〕症	〔攙〕搀	〔鷗〕鹭	〔瀟〕潇	〔躚〕跹	〔讅〕谉
〔獻〕献	〔鐠〕镨	〔辮〕辫	〔摴〕㧛	〔鐵〕铁	〔懾〕慑	〔躓〕踬	〔巒〕峦
〔黨〕党	〔錯〕错	〔龑〕䶮	〔韃〕鞑	〔鐮〕镰	〔懼〕惧	〔蠨〕蟏	〔彎〕弯
〔懸〕悬	〔鐒〕铹	〔競〕竞	〔鞽〕鞒	〔鐳〕镭	〔竈〕灶	〔囌〕苏	〔孿〕孪
〔鶪〕䴗	〔鐋〕铴	〔贏〕赢	〔歡〕欢	〔鐺〕铛	〔顧〕顾	〔囉〕罗	〔變〕变
〔罌〕罂	〔鐨〕镄	〔櫪〕枥	〔權〕权	〔鐸〕铎	〔襯〕衬	〔曪〕啰	〔顫〕颤
〔贍〕赡	〔鐙〕镫	〔糰〕团	〔櫻〕樱	〔鐶〕镮	〔鶴〕鹤	〔齷〕龌	〔鷓〕鹧
〔闥〕闼	〔鏺〕䥽	〔鶱〕鹥	〔欄〕栏		〔巔〕巅	〔癮〕瘾
〔闡〕阐	〔釋〕释	〔爐〕炉	〔轟〕轰	〔鑔〕镲	【一】	〔邏〕逻	〔癬〕癣
〔鶡〕鹖	〔饑〕饥	〔瀾〕澜	〔覽〕览	〔鏽〕镘	〔屬〕属	〔體〕体	〔聾〕聋
〔矓〕眬	〔饐〕馈	〔瀲〕潋	〔酈〕郦	〔鏶〕镱	〔纈〕缬		〔龔〕龚
〔蠣〕蛎	〔饌〕馔	〔瀰〕弥	〔飆〕飙	〔鶺〕鹡	〔續〕续	【丿】	〔襲〕袭
〔蠐〕蛴	〔饑〕饥	〔懺〕忏	〔殲〕歼	〔鷄〕鸡	〔纏〕缠	〔罎〕坛	〔灘〕滩
〔蠑〕蝾	〔臚〕胪	〔寶〕宝	【丨】	〔鶻〕鹘		〔籜〕箨	〔灑〕洒
〔嚶〕嘤	〔朧〕胧	〔騙〕摆	〔齟〕龇	〔臟〕脏	**22 笔**	〔籟〕籁	〔竊〕窃
〔鶚〕鹗	〔騰〕腾	【丶】	〔齦〕龈	〔贐〕膑	【一】	〔籙〕箓	【一】
〔髏〕髅	〔鰆〕鳍	〔鶿〕鹚	〔齜〕龇	〔鰭〕鳍	〔鬚〕须	〔籠〕笼	〔鷚〕鹨
〔鶻〕鹘					〔驍〕骁	〔繁〕鳘	〔轡〕辔

23笔

【一】
〔瓚〕瓒
〔驛〕驿
〔驗〕验
〔攪〕搅
〔欏〕椤
〔轤〕轳
〔曆〕厣
〔靨〕厣
〔饜〕餍
〔鷯〕鹩
〔鷲〕䴘
〔顬〕颥
【丨】
〔曬〕晒
〔鶻〕鹘
〔顯〕显
〔蠱〕蛊
〔黌〕黉
〔髕〕髌
【丿】
〔籤〕签

〔讎〕雠
〔鷦〕鹪
〔黴〕霉
〔鑠〕铄
〔鑕〕锧
〔鑥〕镥
〔鑣〕镳
〔鑞〕镴
〔鱖〕鳜
〔鱔〕鳝
〔鱗〕鳞
〔鱒〕鳟
〔鱘〕鲟
【丶】
〔讌〕谳
〔欒〕栾
〔攣〕挛
〔變〕变
〔戀〕恋
〔鷲〕鹫
〔癰〕痈
〔齏〕齑
〔讋〕詟

24笔

【一】
〔鬢〕鬓
〔攬〕揽
〔驟〕骤
〔壩〕坝
〔韆〕千
〔觀〕观
〔鹽〕盐
〔釀〕酿
〔靂〕雳
〔靈〕灵
〔靄〕霭
〔蠶〕蚕
【丨】
〔艷〕艳
〔顰〕颦

〔齲〕龋
〔齷〕龌
〔鹼〕硷
〔贓〕赃
〔鷺〕鹭
〔囑〕嘱
〔羈〕羁
【丿】
〔籩〕笾
〔籬〕篱
〔箋〕笺
〔鼆〕鲎
〔鱠〕鲙
〔鱣〕鳣
【丶】
〔癱〕瘫
〔癲〕癫
〔贛〕赣
〔灝〕灏
【一】
〔驁〕骜
〔齱〕龈
〔齯〕龊

25笔

【一】
〔韉〕鞯
〔欖〕榄
〔靉〕叆
【丨】
〔顱〕颅
〔躡〕蹑
〔躥〕蹿
〔鼉〕鼍
【丿】
〔籮〕箩
〔鑭〕镧
〔鑰〕钥
〔鑲〕镶
〔饞〕馋
〔鱨〕鲿
〔鱭〕鲚

26笔

【一】
〔驥〕骥
〔驢〕驴
〔趲〕趱
〔顳〕颞
〔酆〕酆
〔釃〕酾
〔釅〕酽
【丨】
〔矚〕瞩
〔躪〕躏
〔躦〕躜
【丿】
〔釁〕衅

【丶】
〔蠻〕蛮
〔臠〕脔
〔廳〕厅
〔灣〕湾
【一】
〔鸕〕鸬
〔纔〕才
〔驤〕骧
〔顴〕颧
【丨】
〔鸙〕鸬
〔躓〕躞
〔顳〕颧
〔鬢〕鬓
〔鑼〕锣
〔鑽〕钻
〔鑾〕銮
【丶】
〔灄〕㳚
〔讞〕谳
〔讜〕谠
〔鑿〕凿
〔鸝〕鹂
【丿】
〔纜〕缆

28笔

〔鸛〕鹳
〔欞〕棂
〔鑿〕凿
〔鸚〕鹦
〔钂〕镋
〔钁〕䦆
〔戆〕戆

29笔

〔驪〕骊
〔鬱〕郁

30笔

〔鸝〕鹂
〔馕〕馕
〔鱺〕鲡
〔鸞〕鸾

32笔

〔籲〕吁

付　北　京　语　音　表

声母\韵母	1 a	o	e	-i	er	ai	ei	ao	ou	an	en	ang	eng	ong	2 i	ia	iao	ie	iou	ian	in	iang	ing	iong	3 u	ua	uo	uai	uei	uan	uen	uang	ueng	4 ü	üe	üan	ün
b	ba	bo				bai	bei	bao		ban	ben	bang	beng		bi		biao	bie		bian	bin		bing		bu												
p	pa	po				pai	pei	pao	pou	pan	pen	pang	peng		pi		piao	pie		pian	pin		ping		pu												
m	ma	mo				mai	mei	mao	mou	man	men	mang	meng		mi		miao	mie	miu	mian	min		ming		mu												
f	fa	fo					fei		fou	fan	fen	fang	feng												fu												
d	da		de			dai	dei	dao	dou	dan		dang	deng	dong	di		diao	die	diu	dian			ding		du		duo		dui	duan	dun						
t	ta		te			tai		tao	tou	tan		tang	teng	tong	ti		tiao	tie		tian			ting		tu		tuo		tui	tuan	tun						
n	na		ne			nai	nei	nao	nou	nan	nen	nang	neng	nong	ni		niao	nie	niu	nian	nin	niang	ning		nu		nuo			nuan				nü	nüe		
l	la		le			lai	lei	lao	lou	lan		lang	leng	long	li	lia	liao	lie	liu	lian	lin	liang	ling		lu		luo			luan	lun			lü	lüe		
z	za		ze	zi		zai	zei	zao	zou	zan	zen	zang	zeng	zong											zu		zuo		zui	zuan	zun						
c	ca		ce	ci		cai		cao	cou	can	cen	cang	ceng	cong											cu		cuo		cui	cuan	cun						
s	sa		se	si		sai		sao	sou	san	sen	sang	seng	song											su		suo		sui	suan	sun						
zh	zha		zhe	zhi		zhai	zhei	zhao	zhou	zhan	zhen	zhang	zheng	zhong											zhu	zhua	zhuo	zhuai	zhui	zhuan	zhun	zhuang					
ch	cha		che	chi		chai		chao	chou	chan	chen	chang	cheng	chong											chu	chua	chuo	chuai	chui	chuan	chun	chuang					
sh	sha		she	shi		shai	shei	shao	shou	shan	shen	shang	sheng												shu	shua	shuo	shuai	shui	shuan	shun	shuang					
r			re	ri				rao	rou	ran	ren	rang	reng	rong											ru	rua	ruo		rui	ruan	run						
j															ji	jia	jiao	jie	jiu	jian	jin	jiang	jing	jiong										ju	jue	juan	jun
q															qi	qia	qiao	qie	qiu	qian	qin	qiang	qing	qiong										qu	que	quan	qun
x															xi	xia	xiao	xie	xiu	xian	xin	xiang	xing	xiong										xu	xue	xuan	xun
g	ga		ge			gai	gei	gao	gou	gan	gen	gang	geng	gong											gu	gua	guo	guai	gui	guan	gun	guang					
k	ka		ke			kai	kei	kao	kou	kan	ken	kang	keng	kong											ku	kua	kuo	kuai	kui	kuan	kun	kuang					
h	ha		he			hai	hei	hao	hou	han	hen	hang	heng	hong											hu	hua	huo	huai	hui	huan	hun	huang					
	a	o	e		er	ai	ei	ao	ou	an	en	ang	eng		yi	ya	yao	ye	you	yan	yin	yang	ying	yong	wu	wa	wo	wai	wei	wan	wen	wang	weng	yu	yue	yuan	yun

■ 저자 : 한 원 석 ■

한중문화교류회장

■ 감수 : 김 재 선 ■

(前) KBS TV 중국어 강좌 담당

| 한국어 영어와 같이 배우는 새 중국어 교재 | 定價 15,000원 |

2015年 11月 05日 인쇄
2015年 11月 10日 발행
　저 자 : 한 원 석
　감 수 : 김 재 선
　발행인 : 김 현 호
　발행처 : 법문 북스
　공급처 : 법률미디어

1̲5̲2̲-̲0̲5̲0̲
서울 구로구 경인로 54길4(구로동 636-62)
TEL : 2636-2911~3, FAX : 2636~3012
등록 : 1979년 8월 27일 제5-22호
Home : www.lawb.co.kr

▮ISBN 978-89-7535-337-6 13720
▮파본은 교환해 드립니다.
▮본서의 무단 전재·복제행위는 저작권법에 의거, 3년 이하의
　징역 또는 3,000만원 이하의 벌금에 처해집니다.

중국어 교재로서 세계적으로 유명한 기초한어(基礎漢語)
상·하 2권을 1권으로 압축해서 만든 한국어판

15,000원